노을 지는 무렵
내게 걸어온 말들

일러두기

1. 본문에서 언급하는 단행본 논문 및 발표 자료는 국내에서 출간된 경우 국역본 제목으로 표기하였으나, 출간되지 않은 도서의 경우 원어 제목과 함께 직역한 제목을 병기했습니다.
2. 원서에 서술된 '행동건강센터', '노인행동건강센터' 등의 어휘들은 내용 흐름에 따라 '센터'로 표기하였습니다. 단, 치매나 알츠하이머 등 다양한 병명 어휘들은 특정 단어로 통일하지 않고, 원서에 사용된 단어를 최대한 살렸습니다.
3. 성경 표기와 인용은 원칙적으로 『공동번역개정판』(1999)을 따르되 원문과 지나치게 차이가 날 경우에는 대한성서공회판 『새번역』(2001)을 따랐으며 한국어 성경이 모두 원문과 차이가 날 경우에는 옮긴이 임의로 옮겼음을 밝힙니다.
4. 주석에는 성경 구절 인용 및 옮긴이 주가 포함되어 있습니다.

노을 지는 무렵
내게 걸어온 말들

더글라스 그로타이스 지음

함정화 옮김

북하이브
BookHive

쓰고도 달도다

아, 나의 사랑하는 노하신 주님,
당신은 사랑하시나 때리시며
주저앉히시나 일으키시나이다.
저도 그렇게 하겠나이다.
불평하겠으나 찬양할 것이며
슬퍼하겠으나 인정하겠나이다.
내 달콤하고 시린 모든 날 동안
애통하며 사랑하겠나이다.

조지 허버트(GEORGE HERBERT)

목차

서문

저자의 아내 베키는 뛰어난 언어 능력을 지녔다. 그러나 그녀는 언젠가부터 그 능력을 잃기 시작했다. '원발성 진행성 실어증' 진단을 받았기 때문이다. 다행히 발견 당시 초기였지만 그녀는 자신이 말하고자 하는 바를 적절한 단어로 표현하지 못했다.

『노을 지는 무렵 내게 걸어온 말들』은 이 질병이 저자와 그의 아내인 베키의 인생에 어떻게 서서히 침투했는지, 그 깊은 상실을 다룬 책이라고 말할 수 있다. 저자는 공포에 사로잡히지 않으면서도, 고통스러운 이 상황을 은근슬쩍 넘어가거나 외면하지 않는다. 그는 고통스러운 현실에서 한 걸음도 물러서지 않았다.

『노을 지는 무렵 내게 걸어온 말들』은 상실에 대한 섬세하고 정직한 슬픔 또는 그 이상을 이야기한다. 저자는 슬퍼하면서도 기도하며 병의 본질과 진행 과정, 환자를 둘러싼 이들의 반응을 관찰한다. 이를 통해 그는 고통의 골짜기에서 주님의 뜻을 이해하고 그늘진 이곳에서도 사랑이 넘치고 성실하게 사는 법을 궁리한다.

저자는 철학자이자 신학자로서 성경을 가슴에 품고 살아간다. 따라서 그가 드리는 기도의 전반적인 내용은 당연히 철학적이면서도 신앙적이다. 구약성경 욥기, 잠언, 전도서와 신약성경 야고보서에 담긴 구절들의 의미를 누구보다 더 깊게 묵상한다. 그렇다고 그의 통찰이 난해한 것은 아니다. 아내의 고통을 바라보는 저자의 직접적인 경험, 아내를 둘러싼 이들의 반응과 밀접하게 연결돼 있기 때문이다. 아내가 겪는 고통을 실에 비유하면, 그 실에 촘촘히 매달린 구슬들이 바로 저자의 생각인 셈이다.

그는 때론 노련한 관찰자이기도 하다. 주변 사람들은 그의 아내가 병에 걸렸다는 소식을 전해 듣고 이전과는 다르게 말하기 시작했다. 사람들은 베키에게 평소보다 목소리를 높이거나, 다른 이들에게는 사용하지 않을 낯간지러운 말들로 대화를 이어나갔다. 이를테면, "자기, 내 사랑"과 같은 말들을 단조롭고 높은 억양으로 말했다. 즉, 사람들은 '베키를 위해서'라는 생색을 냈던 것이다. 저자는 이 면밀한 관찰을 통해 아내에게(혹은 다른 누구에게라도) 그렇게 말하는 것이 왜 잘못되었는지, 그들이 어떻게 말했어야 했는지를 숙고한다.

책을 살펴보면 기억 속에 선명하게 남아 있는 몇 장면들이 있다. 저자는 그토록 쓰라린 상실의 바다에서 자신은 여전히 웃고 있지만 이를 의심한다. 웃고 있는 것이 맞는지 갈피가 서지 않는 것이다. 아내 역시 이제 농담을 듣고도 웃지 못하고 말의 요점도 파악하지 못한다. 그의 기도는 지혜롭고 근면한 여인을 찬양하는 잠언을 인용하며 끝맺는다. "그녀는 다가올 어느 날엔가 웃으리라.[1] 모든 날에 미소 지을 수 없겠지만 그 여러 날 중에 적어도 어느 날엔가는 기뻐할 수 있겠지. 우리에게는 그날이 반드시 올 것이다."

저자는 의료진이 아내를 대하는 방식에 분통을 터뜨리기도 한다. 특히 행동건강센터 직원들이 아내를 치료하는 방식, 그들이 자신을 대했던 태도에 대해 격렬하게 분노한다. 이 장면은 분노가 인생에서 어떤 역할을 하는지, 이를 통해 우리는 어떤 기도로 침잠할 수 있는지를 보여준다. 그는 신에게 화를 내는 자신을 발견한다. 신앙인으로서 '신에게 화를 낼 수 있는가'라는 오래된 질문으로 독자들을 이끌 것이다. 이 장면에서는 저자가 상실로 인한 슬픔에서 멈추지 않고, 어떻게 상실감을 넘어서며 살아갈 것인지 고민했던 흔적이 드러난다. 그는 과거나 현재에 멈춰있지 않고 끝까지 미래를 향한다.

이 책은 많은 것을 말해준다. 아내의 질병에 대한 철학자이자 한 신앙인의 슬픔은 이 황혼 속을 어떻게 걸어갈 것인가, 그는 이 고뇌와 마주하고 서 있다. 언급한 사례들은 구체적인 사례와 보편적인 사유가 잘 맞물려 있는 이 책의 특징을 보여준다.

구체적인 사례에 대한 관찰은 철학적 사유를 불러일으키고, 사유들을 통해 구체적인 사례들은 더 또렷한 상을 얻는다.

니콜라스 월터스토프

NICHOLAS WOLTERSTORFF,
前 미국 기독교 철학회 회장, 예일대학교 석좌교수

들어가며

희망이 끊어지면 마음이 병들고 바라던 것이 이루어지면 생기가
솟는다. (잠 13:12)

대학원을 졸업한 이후 내게 글을 쓰라고 권한 이는 아무도 없었
다. 제멋대로이긴 했지만 나는 글쓰기 하나만큼은 열성적으로
했던 사람이었다. 1993년, 박사학위위원회에서 내 논문이 통과
된 후 나는 여러 출판사 편집자들에게 책, 기사, 사설, 리뷰, 편
지의 형식으로 이런저런 글을 보냈다.

　나에게 글쓰기란 내면을 다지는 치료법도, 단순히 돈을 벌거
나 (이기적인 저자가 독자에게 가하는 저주인) 자기 자신을 표현하기
위한 수단도 아니었다. 따라서 회고록을 쓴다는 건 참 버거운 일

로 보였다.

평소 신앙에 관해 말하는 일이나, 신앙인들에게 "한번 결정적으로 전해진 그 믿음"[2]을 옹호하거나, 기독교 세계관을 인생 전체에 적용하는 일을 열정적으로 하면서도 늘 부족하다고 느꼈다. 그 부족함을 느낀 와중에 슬픔과 회고, 철학적 고뇌를 한 권의 책으로 묶는 건 가능하겠다는 생각을 했다.

아내 베키는 내가 글을 처음 쓰기 시작한 때부터 나와 함께였다. 우리는 1983년 대학교에서 선교단체 활동을 하며 처음 만나 사랑에 빠졌다. 당시 아내는 내게 두 가지 일을 제안했다. 덕분에 그 제안으로 내 삶은 풍요로워졌다. 첫 번째 제안은 이제 연구를 마무리하고 책을 쓰라는 것이었다. 그리고 이어 두 번째 제안은 내가 글을 쓰면 자신이 편집을 맡겠다는 것이었다. 그렇게 둘이서 함께 완성한 책, 『새 시대의 가면을 치우기』Unmasking the New Age는 베스트셀러가 됐다. 아내는 『철학의 일곱 문장』Philosophy in Seven Sentences을 제외한 내 모든 책을 편집했다. 우리는 언제나 함께였고, 소명감으로 똘똘 뭉쳐 있었다. 그 사실이 내가 이토록 슬퍼하는 이유 중 하나다.

이 책은 나의 이전 책들과는 여실히 다르다. 내가 쓴 대다수 책은 기독교를 비판하는 이들이나 기독교 자체나 부패한 기독교의 모습을 공격하는 이들에게 대응하는 내용을 담고 있다. 출판사 직원들과 친구들은 내게 책을 쓰라고 재촉했지만 나는 이 책을 쓰지 않으려 했다. 그러다 책을 쓰지 않는 것이 책을 쓰는 일보다 더 어렵겠다는 생각을 하게 됐다. 이전 책들과는 달리 이 책은 직선적이거나 설명적이지 않으며 기독교에 대한 논쟁을 담고 있지 않다.

『노을 지는 무렵 내게 걸어온 말들』은 철학적이며 신앙적이고 목회적인 자서전이다. 나 자신을 표현하는 게 중요하지 않다고 생각하지만 치매 투병 생활의 고통 가운데서 길어 올린 용기, 희망, 의미를 설명하기 위해 생소하고 비참했던 경험들을 다시 떠올려야 했다.

얼마나 더 나 자신을 돌이켜봐야 하는 걸까? 나의 오랜 친구이자 목회자인 어떤 이는 『철학의 일곱 문장』이 내 책 중에서 가장 좋다고 말했다(그가 내 저서 중 몇 권을 읽었는지는 묻지 않았다). 이유는 의외였다. 나를 가장 많이 드러냈기 때문이라는 것이다.

이 책은 내가 작가로서 완전히 새로운 영역으로 발을 내딛은 작업의 결과물이다. 회고록이자 지나간 나의 삶을 돌이키며 적은 기록이다. 결과는 하늘에 맡기기로 하자. 칠십 평생 중 50년을 기독교인으로 살았으니, 내 자그마한 성찰이 주목할 가치가 있기를 바랄 뿐이다. "긴 회고가 경험에 무게와 실체를 부여한다"[3]는 버트런드 러셀Bertrand Russell의 말이 가슴을 스친다.

나는 이 책에 황혼이라는 표현을 썼다.* 아내가 집에 머무는

---

* 편집자 주-이 책의 원서명은 『WALKING THROUGH TWILIGHT』으로 직역하면 '황혼을 걷다'이다.

동안 이 책을 썼고, 여전히 아내와 대화할 수 있기에 어둠 대신 황혼이라는 단어를 선택했다. 상황이 달라진다면 황혼은 어둠이 될 것이고 그때 나는 더 이상 책을 쓰지 않을 것이다. 우리는 십자가의 어둠 뒤에 부활의 빛이 있음을 안다. 주님이 택한 알맞은 시간에 그녀는 영원한 생명을 얻게 될 것이다. 새벽은 어둠을 뒤따르고, 고뇌에 찬 기다림의 대가로 찾아온다. 이 책은 그 기다림을 증언하는 목격자의 기록인 셈이다.

회고록은 자서전의 요소를 일부 포함하지만 엄연히 자서전과는 다르다. 이 장르는 더 넓은 세상과 나눌 가치가 있는 작가 자신의 삶 일부만을 전한다. 쓰기 쉽지 않은 장르다. 나 역시 새로운 도전을 하고 싶었다. 이 책은 내 첫 번째 시도의 산물이기도 하지만 성경을 적어 내린 현명한 저자들의 글귀, 인용문에 기대고 있다. 그들의 도움에 전적으로 의지하고 있는 셈이다.

의아해할 수 있지만, 회고록은 자기중심적이면 안 된다. 독자들에게 주의를 기울이고 그들에게 진실을 전달하는 데 집중해야 한다. 기독교인들은 주님의 형상을 따라 창조되었고, 성령의 가르침과 지도를 받는다고 믿는다. 우리가 최소한 그를 무시하거나 거역하지 않는다면, 우리 인생은 회고록으로 쓰일 가치가 있다. 치매에 관한 어두운 내 이야기 속 성찰들이 어둠으로 가득한 어딘가에 등불로 세워지길 희망한다. 우리에겐 용기가 있기에 황혼을 지나 밤을 맞이할 수 있으며, 고통 끝에 새로운 새벽이 밝아오기를 희망할 수 있다.

노을 지는 무렵 내게 걸어온 말들

시인 W. H. 오든^{W. H. Auden}은 예수를 그린 그림 두 점에 대해 생각하면서 고통은 종종 세상에 숨겨져 있다고 썼다.[4] 세상 사람들, 온 세상의 피조물들이 각자의 삶을 충실히 사는 동안 우리 중 몇몇은 치매 간병인이라는 가혹한 길을 걷고 있다. 고통받는 영혼과 그의 곁을 지키는 사람. 우리는 서로에게 무언가 배울 수 있을 것이다.

아내의 병은 계속 악화되었지만, 그렇다고 점점 더 나빠지는 아내의 상태를 주제로 삼지는 않았다. '병의 진행'에 대해 쓰는 건 너무나 지루하고 어떤 감흥도 주지 못한다. 누군가는 앞선 문장을 읽고 아내의 병이 어느 정도 호전됐다는 암시를 느낄지도 모르겠다. 그러나 나아진 건 하나도 없다. 단어들을 골라 마땅히 있어야 할 곳에 놓아두고 단단히 뿌리를 내리게 하는 것이 내가 할 일이다. 그뿐이다.

7장 '한탄하는 법을 배우다'처럼 내가 쓴 몇몇 장은 다른 장보다 더 길고 철학적이다. 읽기 어려울 수도 있지만 독자들이 끈기를 갖고 그 장들을 읽어주기를 바란다. 어떤 이에게는 의미를 부여할 것이고, 내가 간직하는 희망의 이유를 설명해주기 때문이다.[5] 내가 그 장들을 쓴 목적은 나의 슬픔이 무엇인지를 보여주고, 우리가 그 슬픔에 어떻게 대처할 수 있을지 설명하려는 것이다.

이 책은 그 외에도 나와 아내가 겪었던 변화와 위급한 상황을 설명하는 여러 이야기를 담고 있다. 때로 옆길로 새기도 하고 이야기를 멈추거나 다른 이야기를 시작하기도 하며 쉬어가기도 했다. 우리가 함께 걷는 길은 소박한 산책로가 아니라 어두컴컴한 오솔길이기 때문이다.

무엇보다 아내는 내가 이 책을 쓰는 것을 허락했다. 그녀는 이 책이 내게 도움이 될뿐더러 비슷한 시련을 겪는 사람들에게도 도움이 되리라고 말했다. 나는 그런 아내에게 "작가, 편집자, 연사로서 당신이 한 모든 일은 당신의 강점만 부각시켜 왔어. 이제 이 책으로 당신의 약점을 사람들과 나눌거야. 그 사람들이 당신의 이야기에 위로 받을지도 몰라"라고 아내에게 말해주었다. 그리고 그녀는 희미하게 미소를 지었다.

사랑하는 아내, 베키에게 진심을 담아 이 책을 헌정한다.

1

정신과 병동에서
분노하다

우리가 어찌 이방 땅에서 주님의 노래를 부를 수 있으랴. (시 137:4)

2014년, 아내는 정신과 병동에 5주 동안 머물렀다. 어떤 병이 아내를 괴롭히고 있는지 자세히 진단받기 위함이었다. 그녀가 퇴원했을 때 우리는 앞으로 어떻게 살아야 할지, 미래를 어떻게 바라봐야 할지를 다시 생각해야 했다. 비참했다. 아내는 많이 힘들어했지만, 나 역시 앞이 막막했다. 전혀 알고 싶지 않던 많은 것을 배워야 했다.

아내가 병원에 입원하기 전, 우리는 한 신경학자를 만났다. 그는 전문가 중 유일하게 1년 동안이나 아내의 증상이 치매가 아니라고 확신했었다. 결과적으로 그는 틀렸다. 오로지 알츠하이머 분야만 몰두했기에 원인을 놓친 것이다. 아내는 병명도 생소한 '원발성 진행성 실어증'Primary Progressive Aphasia(초기 진행성 실어증)이라 불리는 매우 드문 질환을 앓고 있었다.

이후 내 배움은 정신과 병동 시스템과 마주하면서 시작됐다. 아내와 나는 동행한 친구와 함께 응급실에서 12시간을 보냈다. 정신과 의사가 도착하고 간단한 진료를 받은 뒤, 우리는 건너편에 있는 병원의 행동건강센터(이하 '센터')로 이동했다. 아내는 그곳에서 72시간 동안 붙잡혀 있었다.

그녀가 아무런 소지품 없이 들것에 실려 나가는 걸 보았다. 그토록 애처로워 보이는 아내를 본 적이 없었음에도 아내는 불평 하나 하지 않았다. 아마도 자신에게 무슨 일이 벌어지고 있는지 알아채지 못했기 때문이리라. 의사에게 필요한 물건이 있냐고 물었지만, 돌아온 대답은 "아무것도 없을 걸요"였다. 다음날 센터에 들어갈 때까지만 해도 의사의 말이 무엇을 뜻하는지 알 수 없었다.

아내를 병원에 남겨두고 집으로 돌아왔다. 나는 기다리느라 지쳐있던 반려견 써니와 인사를 나누고 핑크 플로이드Pink Floyd의 '더 다크 사이드 오브 더 문'The Dark Side of the Moon을 들었다. 반려견 써니는 내 곁에 자리를 잡고 누웠다. 어찌 됐든 이게 내가 해야 할 일이라고 생각했다. 흘러나오는 음악은 신의 부재不在를 노래하는 전도서를 떠올리게 했다.

다음날, 의사 몇 명과 전화를 마치고 친구 사라와 함께 아내가 있는 센터로 향했다. 우리는 센터 안으로 들어가기 전에 예상치 못한 보안 검사를 받아야 했다. 그 과정에서 열쇠와 지갑을 놓고 병실로 들어가야 했다. '대체 이곳은 어떤 곳이지?'란 의아함이 몰려왔다.

병실에 들어서자, 눈물을 흘리며 돌아다니는 아내를 목격했다. 아무도 울고 있는 아내에게 관심을 두지 않았다. 아내가 나를 발견한 순간, 우리는 말없이 끌어안았다. 아내는 나를 자기 병실로 이끌었다. 우리는 병실에서 평소처럼 대화를 나눴다. 그런데 잠시 뒤, 간호사가 들어와 아내와 병실에 같이 있을 수 없다고 안내했다. 문을 열어놔도 되지 않느냐 따졌지만 허용되지 않았다. 어이가 없고 화가 났다. 하지만 간호사의 말에 따를 수밖에 없었다. 이유가 있을 테니.

한 차례 소동 이후 아내와 휴게실에 머물렀지만 이것조차 쉽지 않았다. 한 청년이 공중전화를 붙들고 시끄럽게 통화하는 통에 이야기가 자주 끊겼기 때문이다. 참다못한 나는 청년에게 조금 조용히 해달라고 부탁했으나, 그는 오히려 나를 노려보며 욕설을 내뱉었다. 나 역시 순간적으로 그에게 따지며 소리쳤다. 내 안에 웅크려있던 화와 혼란스러움이 분노로 변해간 것이다. 돌이켜보면 정말 부끄러운 일이었다. 결국 간호사는 나를 가리키며 조용히 하라고 소리쳤다.

나는 친구와 함께 휴게실 밖으로 쫓겨났다. 화가 머리끝까지 차올라 이성을 잃고 친구를 탓하기 시작했다. 아내를 이 병원에 입원시키게 된 데는 친구의 권유가 영향이 컸다. 우리는 결국 센터 밖으로 쫓겨났다. 전적으로 내 잘못이었다. 병원에서 나가라는 지시에 따르지 않고 버티면 체포될 수도 있다는 사실을 나중에서야 알았다. 내가 근무하는 학교에 정말 잘 어울릴 만한 문구다. '정신과 병동에서 폭동을 일으킨 죄로 체포된 기독교 철학자.' 아슬아슬했다.

이 에피소드와 몇몇 다른 사건들은 분노하는 게 쓸모없는 일임을 보여주었다. 바울은 분노가 거룩한 영이 아니라 우리의 타락한 인간성에서 비롯된다고 경고했다. 그의 말이 옳다. 그는 분노를 달갑지 않은 손님처럼 묘사하기도 했다.

> 육체의 행실은 환히 드러난 것들입니다. 곧 음행과 더러움과 방탕과 우상숭배와 마술과 원수맺음과 다툼과 시기와 분냄과 분쟁과 분열과 파당과 질투와 술취함과 흥청망청 먹고 마시는 놀음과, 그와 같은 것들입니다. 내가 전에도 여러분에게 경고하였지만, 이제 또다시 경고합니다. 이런 짓을 하는 사람들은 아버지의 나라를 상속받지 못할 것입니다. (갈 5:19~21)

수필가 몽테뉴Montaigne는 「실제 대상이 없을 때 영혼이 거짓 대상에게 감정을 전하는 방법」How the Soul Discharges Its Emotions Against False Objects When Lacking Real Ones에서 분노, 비명을 내지르고 물건을 던

지는 등의 행동이 격분한 상태를 바로잡는 데 아무런 도움도 되지 않는다고 말했다. 대신 "허공을 향해 주먹을 날리"거나 "가슴을 치라"고 말한다.[6] 이렇게 하면 분노를 억누르고 파괴적인 행동이 격화되는 걸 막는 데 도움이 된다는 것이다. 하지만 실상 아무리 현명하게 처신한다 해도 거룩한 영을 대신할 수는 없다. '육체의 행실'과 '성령의 열매'는 상반되는 지점에 있다.

> 그러나 성령의 열매는 사랑과 기쁨과 화평과 인내와 친절과 선함과 신실과 온유와 절제입니다. 이런 것들을 막을 법이 없습니다. 그리스도 예수께 속한 사람은 정욕과 욕망과 함께 자기의 육체를 십자가에 못 박았습니다. (갈 5:22~24)

다음 날 아침, 병원으로 찾아가 만나는 사람마다 사과했다. 아내는 곧 다른 센터로 옮겨졌다. 하지만 우리는 그곳에서도 혼란스러움을 느낄 수밖에 없었다. 아내와 나를 대하는 직원들의 권위적인 태도와 이해가 가지 않는 센터의 규칙 앞에 화가 치밀었다. 그저 정해진 대로 일을 처리하는 아무 죄 없는 그 사람들에게 소리를 내질렀다.

센터에서는 사람이 나갈 때마다 뒤에서 문을 잠갔다. 몇몇 사람들이 탈출을 시도했기에 나름의 방책이라고 한다. 그 앞에서 나는 그들을 비난할 수 없었다. 이후 몇 번의 방문과 많은 사과를 거듭한 후에야, 센터의 시스템에 익숙해졌다. 비참했지만 그래야만 했다.

왕복 100km에 가까운 거리를 5주에 걸쳐 거의 매일 방문했다. 학교 수업을 진행하며 아내를 찾는 것이 만만찮은 일이었지만, 이 과정을 통해 주님을 만날 수 있었다. 그리고 빅터 프랭클Viktor Frankl의『죽음의 수용소에서』를 다시 꺼내 읽었다. 그는 인간의 가치는 히틀러가 만든 수용소와 같이 극심한 고통을 받는 상황에서 발견된다고 말했다. 극심한 고통 속에서 우리는 자기 자신을 변화시켜야 한다. "더는 상황을 바꿀 수 없을 때 ⋯ 우리는 우리 자신을 바꾸라는 도전을 받는다."[7]

꼭 필요하지만 슬픔이 가득한 이 병동에서 나는 아내를 비롯해 다른 환자들을 자유롭게 할 수 없었으나 그 속에서 나름의 의미를 찾을 수 있었다. 혼란과 두려움, 외로움의 고통을 부정할 수 없었기에 그 안에서 죽지 않고 살아남을 수 있었다. 프랭클은 말했다.

포로수용소에서 살았던 우리는 자신들이 가진 마지막 빵을 다른 이들에게 주고 그들을 위로하며 오두막집으로 가던 사람들을 기억한다. 소수에 불과하지만 그들은 한 인간의 모든 것을 빼앗아도 빼앗을 수 없는 한 가지가 있다는 사실을 보여줬다. 바로 인간의 마지막 자유다. 주어진 상황에서 자신의 태도와 자신의 길을 선택할 자유만큼은 빼앗을 수 없다.[8]

이곳에서 내 첫 번째 걱정거리는 아내였다. 주로 식사시간에 방문해 밥을 잘 먹는지 확인했다. 그녀는 거의 먹지 않았기 때문이다(5주 후 퇴원할 때가 다가왔을 때 무척 수척해졌다). 밤이 찾아오면 아내는 종종 말없이 고개를 숙였다. 나는 그녀를 위로하고자 노력하면서 다른 환자들의 푸념에도 귀를 기울였다. 그들에게 인사하고 함께 대화하며 기도하겠다고 말하고, 실제로 환자들과 함께 기도하기도 했다.

며칠 동안 센터에 머물며 환자들과 더 가까워졌다. 신디라는 환자는 편집증을 앓고 있었는데 항상 불안에 시달렸다. 그녀는 내게 물었다. "제가 큰 소리로 기도하면 사탄이 제 기도를 듣고 저를 해치지 않을까요?" 불안감에 억눌린 그녀에게 주님은 사탄보다 위대하시기에 걱정할 필요 없다고 안심시켰다. 그제야 신디는 마음을 놓는듯 했다.

키가 큰 잭은 우울증을 앓고 있었다. "저는 잠자는 걸 좋아해요. 가능하다면 잠만 자면서 인생을 보내고 싶어요." 이건 우울증의 대표 증상이다. 나 역시 그 기분이 어떤 것인지 겪어보았기에 잘 알지만 거기에 얽매이지는 않았다. 건강염려증도 앓고 있던 잭은 자신의 증상을 확인하기 위해 늘 간호사를 괴롭혔다. 이를 보며 내 기도 제목이 늘어만 갔다.

어느 날, 조현병을 앓고 있는 환자에게 대화를 시도했다. 내가 건넨 대화에 심기가 불편했던 그녀는 화를 내며 신이 무엇을 아냐고 역정을 냈다. 시간이 조금 지나, 화가 누그러져서였을까.

그녀는 불쑥 아내를 쳐다보기 시작했다. 그러자 두 사람은 서로를 응시한 채 말없이 미소 지었다. 아내를 통해, 설명하기 어려운 사랑이 병동에 깃들기 시작했다. 누군가는 이런 일이 흔하다고 말해주었다.

아내는 때로 말을 잃은 채 혼란스러워하며 고민하는 사람들에게 기쁨을 불어 넣었다. 한번은 저녁 시간에 센터를 방문했는데 한 여성이 아내의 외모를 칭찬하며 "영화배우"라고 말하는 모습을 보았다. 누구든 이 장면을 직접 보았다면 폐허 속에서도 사랑이 피어날 수 있다는 걸 느낄 수 있으리라.

이후 아내 대신 퇴원 서류에 서명을 했다. 이 과정에서 아내의 많은 부분을 책임지는 법을 배우게 됐다. 난 그녀의 대변인이자 중재자다. 이 모두 예수가 떠맡았던 역할과 같지만 그렇게 불리기엔 나는 죄가 너무 많다.

2

알고 싶지 않던 것을
배운 한 해

5주간의 병원 생활을 끝내고 집에 돌아왔을 때, 반려견 써니는 말 그대로 기쁨에 겨워 날뛰었다. 써니는 아내를 그리워했다. 2년 6개월이 지난 지금도 우리가 멀리 떨어져 있으면 써니는 여전히 아내에게 달려간다. 우리는 집으로 돌아와 정말 행복했고 써니도 기뻐했다. 하지만 이후의 일들은 전혀 그렇지 않았다.

집에서 낯선 감정을 느끼기 시작한 것이다. 집은 종종 감옥처럼 답답했다. 몇 주 간의 고민 끝에 간병인을 두어야겠다고 결심했다.

그렇게 나는 간병인과 한집에서 사는 방법을 배웠다. 운 좋게도 간병인은 빨리 구할 수 있었지만 적응하기 어려웠다. 이전에도 간병인의 도움을 받았던 아내 역시 마찬가지였다. 낯선 사람에게 자신의 통제권 일부를 양보해야 했기 때문이다. 간혹 아내와 간병인 사이에 사소한 갈등이 일어날 때면 나는 마지못해 심판 역할을 맡았다. 다른 누구도 할 수 없는 일이었다. 나는 간병인을 차차 알아갔고, 스스로 기대에 못 미치는 삶을 사는 그녀를 공감하려 노력했다. 그러나 우리와 9개월 정도 함께 한 그녀는 극도로 피곤해했다.

우리의 두 번째 간병인은 이전 사람보다 덜 예민한 사람이었으나 그녀 역시 6개월 정도만 일한 뒤 그만뒀다. 결혼 준비를 해야 했기에 일을 그만둘 수밖에 없었다. 게다가 그녀는 아내가 필요로 하는 수준만큼 아내를 돌보지 못했다. 물론, 그건 누구도 할 수 없는 일이다.

일련의 과정을 통해 나는 고용자가 됐다. 내게 이것 또한 벅찬 일이었지만 배워야만 했다. 내 삶은 버겁지만 필요한 일들로 채워졌다. 통제할 수 없을 정도로 화가 나는 일이 생길 때도 있었지만 다른 이들도 마찬가지일 것이다.

아내가 입원한 후 정신과 의사는 내게 그녀의 보호자이자 후견인이 되어야 한다고 말했다. 이는 보호자로서 그녀와 관련된 모든 법적, 의학적 결정을 내릴 수 있음을 의미한다. 알고 있는 사실이었지만 때때로 이 과정에서 괴로움이 몰려들었다.

아프기 전에는 아내가 모든 재정 문제를 관리해왔다. 그녀는 정확했고 일 처리도 빨랐다. 그저 그녀에게 모든 걸 넘기면

될 뿐이었다. 하지만 이제 이 모든 것을 내가 감당해내야 했다.

　아내, 그리고 변호사와 함께 판사 앞에 서서 내가 그녀의 보호자라고 말하는 것이 어떤 기분인지 알게 됐다. 아내는 집으로 오는 길에 "당신이 나를 보호하는 거네"라고 우울하게 말했다. 우리 둘 다 이런 상황이 낯설면서 두려웠다.

　아내가 돌아온 후 어떻게 '손해를 봐야' 최소한의 피해를 입을 수 있는지 고민했다. 아내가 입원한 지 몇 달 하고도 몇 주 후, 강연 몇 개를 취소해야 했고 내가 맡던 강의 세 개 중 하나를 다른 교수에게 넘겨야 했다. 물론 아내가 입원한 첫 주에는 볼더[9]에서 무신론자에 대한 강연을 했고 글도 꾸준히 썼다. 이는 내 소명이었기 때문이다. 사람들은 내게 가르치고 설교하며 글 쓰는 능력을 타고났다고 말한다. 이따금 충분한 준비 없이도 수업에 들어갔고, 자포자기하거나 망했다는 생각이 들면서도 여전히 내 분야에서 전문성을 갖춘 수업을 하곤 했었다. 슬픔이란 들판에 피어난 은혜의 새싹과 같다. 나는 독수리처럼 하늘로 솟구쳐 오르는 대신 지상에서 꾹 참고 버텼다.

　이전에는 알지 못했던 깊이의 슬픔과 고통을 배웠다. 몇 년 전, 암 투병을 하는 아내를 둔 동료와 고통에 대해 이야기를 나눈 적이 있다. 그는 아내가 자신에게 이렇게 말했다고 전했다. "사람의 몸이 이토록 엄청난 고통을 참을 수 있다는 걸 몰랐어." 그 말을 잊을 수가 없다. 나 역시 한 인간의 영혼이 얼마나 큰 심적 고통을 감내할 수 있는지 이전에는 알지 못했다. 내가 겪은 고난은 예수의 고난에 비할 바는 못 된다. 예수는 "나의 아버지, 나의 아버지, 어찌하여 나를 버리셨습니까?"[10]라고 울부짖으며 극한의 고통을 겪어야 했다. 그는 무고한 희생자였다. "세상 죄를 지고 가는 주님의 어린 양"이었다.[11]

주님은 이제 나를 고통 전문가로 만들고 있다. 내가 아닌 다른 누군가를 내세웠으면 좋았으련만. 하지만 그 고통의 의미를 겸허히 받아들이기로 했다.

아내가 투병 생활을 이어가는 동안 지원받을 수 있는 방법을 알아봤다. 보험회사에서 보험금을 이미 지급했다고 말한 후에야 보험금만으로는 각종 비용을 충당할 수 없다는 걸 깨달았다. 이 가혹한 시련이 사라질 것 같지가 않았다. 하지만 우리의 행복했던 순간들을 잊어서는 안 된다.

> 가장 높으신 분의 보호를 받으면서 사는 너는, 전능하신 분의 그늘 아래 머무를 것이다. 나는 주님께 "주님은 나의 피난처, 나의 요새, 내가 의지할 주님"이라고 말하겠다. (시 91:1~2)

한때 아내는 적포도상구균에 감염되어 치료를 받는 동안에도 시편 91편을 외웠다. 그녀는 담당 의사를 만나러 가는 길에 자신이 외운 바를 암송했다. 이제 더는 시편을 외울 수도, 새로운 기도를 암기할 수도 없다. 그렇다. 주님은 이 모든 시련을 주관하고 계실 것이다. 그러나 우리를 위한 거룩한 피난처가 되어

주시지는 않았다. 아니, 그는 우리가 고통을 이겨내는 길을 제시하시지, 고통을 피하는 길로 인도하시지는 않는다.

총명했던 아내가 이해할 만한 방식으로 소통하려면 어떻게 말해야 하는지를 배워야 했다. 매번 노력하지만 자주 실패하곤 했다. 그녀가 말하는 문장 중 일부만을 이해할 수 있을 뿐이다. 언젠가 그녀가 문장조차 말하지 못할 때가 올 것이다. 그날이 멀지 않았을지 모른다.

나는 때론 공공장소에서 울음을 터트렸다. 그제야 예상치 못하게 울음을 터뜨린다는 것이 어떤 감정인지 알게 됐다. 주님은 사람들이 흘리지 않은 눈물도 기억하셔야만 한다. 슬픔에 빠진 다윗은 이런 글을 남겼다.

나의 방황을 주님께서 헤아리시고, 내가 흘린 눈물을 주님의 가죽부대에 담아 두십시오. 이 사정이 주님의 책에 기록되어 있지 않습니까? (시 56:8)

물론 비참한 현실만 있던 것은 아니다. 내가 일하는 덴버신학교의 선한 사람들을 포함해 많은 이들이 도움을 주었다. 음식을 만들어주고, 간병인을 바꿀 때 생기는 법적, 재정적 문제를 해결하는 데 필요한 정보를 제공했다.

가장 끔찍한 고통에서조차 주님은 선한 것을 이끌어내신다는 사실을 배웠다. 아내가 아프고 고난의 연속이었다. 마치 십자가를 짊어지고 고개를 넘는 예수를 떠올릴 만큼. 그의 십자가를 짊어지면 우리는 예수를 조금 더 닮게 되고, 다른 이의 고통을 더 잘 알게 된다. 기꺼이 다른 이의 요청을 듣고 도울 수 있게 된다.

주님께 감사하지 않을 때조차 기도할 수 있음을 배웠다. 기도는 특정한 감정 상태일 때 드리는 거라고 믿었던 때도 있었다. 기뻐하거나 감사하는 일은 중요하지만, 그런 감정 상태가 아닐 때도 주님은 여전히 그 자리에 계신다. 나는 슬픔에 찬 여러 기도문을 발견하며 용기를 얻었다.

3

산산이
부서지다

사물은 흩어진다. 중심은 지탱되지 않는다. 순전한 무질서가 세상
에 풀어지고.

윌리엄 버틀러 예이츠WILLIAM BUTLER YEATS, 「재림」THE SECOND COMING, 12)

간단한 대화로 이뤄지던 일상적인 일들이 복잡하게 변해버렸
다고 생각해보자. 우리는 모든 일을 어렵고 불가능한 과업으로
느끼게 되고 홀로 고립된 듯한 느낌을 받게 된다. 누군가 도움의
손길을 내미는 것조차 고통스럽다. 전화기를 떠올려 보라. 대다
수 사람이 손에 든 스마트폰이 아니라 단순한 기능만 갖춘 유선
전화 말이다. 치매로 고통받는 이들에게 단순하거나 정상적인

것은 하나도 없다. 나는 50년 동안 아무런 어려움 없이 전화를
사용해왔다. 그러나 이제 베키는 그렇지 않다. 사람이란 그렇게
무너져간다. 그녀는 단순한 기술에서조차 소외됐다. 그녀의 뇌는
아직 완전히 망가진 건 아니지만 가장 간단한 작업도 부담스레
느낄 만큼 달라져 있었다.

아내의 침실에 있던 전화기를 없앴다. 그녀는 전화를 걸 수
도, 받을 수도 없었기 때문이다. 나는 가끔 간병인의 도움 없이
아내와 직접 통화하기를 원했다. 간병인이 쉬는 날이라도 오면
우리 집에 다른 이가 찾아와 전화를 받아주기를 기다릴 순 없
지 않은가. 아내의 친한 친구 샤론은 그녀를 격려하고 함께 기도
하기 위해 전화 통화를 바랐다. 이에 다시 작은 희망을 품고 침
실에 유선 전화를 설치했다(베키가 휴대폰을 사용할 거라는 희망은 포
기한 지 오래다). 그녀가 전화기를 들리라 생각한 건 아니다. 나는
종종 집에서 울리는 공허한 전화벨 소리를 들었다. 간병인이 집
에 없었더라면 아내는 전화 자체를 낯설어할지도 모른다. 주변에
널려 있던 사물이 더는 익숙하지 않은 사람, 이제 평범한 것이란
하나도 없는 사람이 되어 버렸다. 모든 것이 낯설었다.

아내는 전화 수화기를 들고 내 서재로 다가왔다. (이제 그녀의
전형적인 표정이 돼 버린) 절망적이면서도 어리둥절한 표정으로 자
신은 이게 무엇인지 이해할 수 없다는 말을 읊조렸다. 나는 그
간단한 기계장치를 말로 설명하지 못했다. 그렇게 그녀와 나 사
이에 깊은 소통의 부재가 자리 잡았다. 나는 "여보, 내가 당신한

테 전화를 한다고 생각해봐. 그 기계가 탁자에 놓여있고 소리를 내지? 따르릉, 따르릉. 당신은 그걸 집어 들고 이야기하면 돼." 그녀는 전화기 대신 오디오 리모콘을 집어 들었다. "아니, 아니. 수화기를 들어야지." 손으로 수화기를 가리키며 말했다. 아내는 수화기를 거꾸로 들고 귀에 가져다 댔다. "이렇게 똑바로 들어야 해." 내가 시늉을 하자 아내는 수화기를 뒤집어 들었다. "자, 이제 버튼을 눌러서 전화를 받아." 다른 많은 소리와 같이 나의 이 말도 그녀의 머리를 어지럽히는 소음 중 하나일 뿐이다. 전화기를 들고(세상에, 나는 이때까지 화내지 않았다), 아내에게 눌러야 하는 버튼을 보여주었다. 그녀의 뇌는 버튼을 눌러서 목소리를 들으라는 나의 말과 몸짓을 연결시키지 못했다. "그냥 당신이 들고 왔던 곳에다가 다시 전화기 갖다 놔. 나중에 생각하자."

난 이 일에 대해 다시 이야기할 순간이 온다면 그때 지금의 실패에 관해 말해보기로 마음먹고 그녀를 달랬다. 하지만 그런 순간은 좀처럼 오지 않았다. 사소하고 평범한 일들이 우리를 무너뜨리기 시작했다. 아내는 위층으로 올라갔다.

내가 『재즈를 듣는 방법』 How to Listen to Jazz 을 읽기 시작했을 때 발소리가 다시 들렸다. 예상대로 아내가 나타났다. 아내 특유의 손짓을 보았고 실어증에 시달리면서도 그녀가 끝내 전달하려는 악담을 들어야만 했다. 그녀의 몇 마디를 들으면서, 그녀가 수화기도 제자리에 놓지 않았으리라고 생각했다.

한숨을 쉬며 지하실에서 2층까지 무거운 발걸음을 옮겼다.

인내심을 잃고 있었다. 치매가 내 몸과 마음에 얹어놓은 부담스러운 무게, 그리고 덴버의 높은 고도를 생각하며 이 모든 것에 짓눌리지 않으려 애를 썼다. 아내는 나를 따라왔다. 1층에 이르러 내가 물었다.

"당신 방에 두고 왔어? 아니면 다른 곳에 뒀어?"

그녀는 기억하지 못했다. 예상대로였다. 다시 터벅터벅 계단을 올라 아내의 방으로 들어섰다. 전화기는 전화 본체 위에 얹어져 있었지만 방향이 뒤집힌 채였다. 전화기를 제자리에 놓은 뒤, 이 전화기는 헛된 노력과 외로움을 떠올리게 하는 장식품으로만 쓰이리라고 생각했다. 아내는 자신에게 전화할 친구들로부터 멀어져 있었고 원하지 않았겠지만 홀로 고립돼 갔다. 기술적인 부분에서도 그렇지만, 그녀는 나에게서도 점점 멀어져 가고 있었다. 우리는 이제 일상적인 물건에 대한 간단한 대화조차 나누지 못했다. 이렇게 삶은 조금씩 균형을 잃고 부서지고 있었다.

앞서 이야기한 전화기와의 가슴 아픈 이별은 대략 10분 만에 일어난 일이었다. 얼마나 많은 실수가 있었는지 새삼 놀라게 된다. 우리가 주의를 기울이지 못해 저지른 간단한 실수들은 우스운 일일 뿐이다.

간단한 실수들이 쌓이고 쌓이면 특별하고 비참한 비극이 탄생한다. 쉽게 만날 수는 없지만 기분이 덩달아 나빠지는 사소한 실수들, 그 실수들은 매우 짧은 시간에 발생한다. '특별하다'extraordinary라는 말은 사람, 사건, 논쟁, 어떤 대상이 '평범한 것보다 더 낫다'라고 칭찬할 때 쓰는 표현이다. 나는 이 말을 '평범한 것보다 못하다'라는 의미로, 놀라움을 느꼈을 때 사용한다. 이상한 일이 급작스럽게 일어났을 때 그에 뒤따르는 슬픔에 대항하기 위한 나만의 방법이다. 그런 이상한 일들. 슬픔을 자아내는 일들은 유독 내 눈에 잘 띈다. 간단하고 일상적인 일들에 베키와 내가 익숙해지기 전까지, 더 많은 '특별한' 일들이 우리 앞에 펼쳐질 것이다.

모든 게 무너져 내린다. 마음 또한 쓸려나간다. 전화기는 제 역할을 못하고 대화는 피곤함으로 가득 차거나 점점 줄어든다. 그리고 우리는 고립되어 간다. 예이츠가 썼듯이 '순전한 무정부 상태'는 세상에 존재하지 않는다. 하지만 '무정부 상태에 가까운 것들'은 우리 부부가 지나는 어둠의 길목에 언제나 서 있었다. 우리는 부서진 삶 한가운데서 버티고 있었다.

멘사 카드

지금 살고 있는 집으로 이사한 지 2개월 만에 아내는 루터교가 운영하는 센터에 들어갔다. 정신없이 바빴고 혼란스러웠다. 우리는 20년 동안 한집에서 살았다. 집은 책이 가득 찬 140개의 상자로 발 디딜 틈조차 없었다. 움직이기도 어려웠다. 내가 가르치던 제자들과 친구들이 책을 정리하는 작업을 도왔다. 이사한 지 3년째인 지금 내가 기획하지 않던 책을 쓰듯이, 많은 것이 제자리에서 벗어나 있었다.

아내의 침실에는 책상 하나가 놓여있다. 하지만 더는 예전처럼 사용할 일은 없다. 펜, 연필, 스테이플러, 노트 등은 이제 그녀가 사는 세상에서 필요치 않은 물건이다. 책상 위에는 작은 오디오만 놓여있다. 최근에 어떤 물건 하나를 찾기 위해 아내의 책상 서랍을 열었다. 잃어버린 줄만 알았던 금고 열쇠가 거기 있었다. 안타깝게도 너무 늦게 발견했다. 이미 오래된 자물쇠를 뜯고 다른 자물쇠로 바꿔버렸기 때문이다.

아내의 명함과 오래된 운전면허증, 애리조나주 신분증, 그리고 그녀의 멘사 회원 카드를 발견했다. 그제야 아내가 90년대 멘사 회원이었다는 사실을 기억했다. 신인 작가이자 연사였던 그녀의 명성에 도움이 되리라 생각해 당시 나는 이 모임에 참여하도록 아내를 설득했다.

멘사는 높은 지능 지수를 가진 사람에게만 회원자격을 부여한다. 아이큐로 지능을 판단하는 일이 말도 안 된다고 생각하지만 아내에게는 딱 필요한 조건이었다. 그녀는 멘사 회원이 됐지만 모임에는 자주 참석하지 않았다. 아내는 '1994년 3월 31일까지 유효'한 카드를 갖고 있었다. 그녀는 이 모임에 참여하게 된 데 자부심을 느꼈지만, 멘사 회원의 가치를 크게 느끼지 못했기에 이내 시들해져 버렸다.

멘사 카드를 처음 발견한 후 이제는 아내와 관련 없는 물건이라는 범주로 카드를 분류했다. 카드는 너무나 달라진 날들의 전시물처럼 가슴 아픈 상실감을 상징하고 있었다. 그날 카드를 들고 오래 울었다. 이제 그녀의 총명함은 사라졌지만 그녀 자신은 여전히 존재한다. 그러나 지금 아내는 자신이 무엇을 잃었는지 알지 못한다.

카드 뒷면에는 흠잡을 데 없는 아내의 필체로 쓰인 '레베카 M. 그로타이스'라는 서명이 적혀 있다. 그러나 지금 그녀는 단 한 글자도 적을 수도 없고 읽을 수도 없다. 그녀가 멘사를 기억할지는 모르겠지만 그 카드를 다시는 꺼내지 않을 것이다.

4

기괴한 병

내가 아내의 병을 불쾌하거나 기괴하다고 여긴 적은 없었다. 치매는 여러 양상을 보이는 질병이다. 즐겁지도 않고 사실 대부분 미칠 지경이다. 병을 앓는 사람과 간병인 모두 괴롭다. 시간이 흐르며 나는 '기괴하다(그로테스크하다)'라는 단어가 이따금 인간의 미묘하고 신비로운 모습을 표현하기에 적절한 단어일 수 있겠다고 생각하게 됐다.

치매는 무엇을 잃었음을 의미하지는 않는다. 건강한 몸에서 아픈 몸으로, 조화에서 균열로의 전환일 뿐이다. 치매는 올바르게 작동했던 두뇌 일부를 무력화시키고 남은 부분까지 차근차근 없애기 위해 뇌를 정리해 간다. 이 과정은 보기 좋게 전시된 작품 순서나 논리적인 강의 흐름, 혹은 공이 일사분란하게 전개되는 야구 경기가 망가지는 것과는 다르다. '순서'라는 말은 쉽게 떠오르는 낱말이긴 하지만 여기에 어울리지 않는 단어다. 치매 발병 이후 스스로 체계를 바꿔서 이상해진 뇌, 손상되고 쇠퇴하는 뇌에는 새로운 배열 체계가 자리 잡는다.

'질환'이란 단어는 우리가 일상적으로 쓰는 말이지만 의미가 참 아픈 말이다. 이 단어는 적어도 부분적으로는 인식 가능한 현상을 설명할 때 들어맞는다. 실어증에 걸린 사람들은 말을 잃게 된다. 지금의 나는 어떤 대상을 생각하며 거기에 걸맞은 단어를 떠올리는 데 어려움을 겪지 않지만, 나이가 들수록 특정한 단어를 떠올리기까지 더 많은 시간이 필요하게 될 거라는 사실을 안다(나도 곧 겪게 되겠지). 끝내 단어가 떠오르지 않는다면 대화하는 상대방의 도움을 받아 어떤 단어를 말할 수 있을 것이다. 아내와 같은 질병을 앓고 있는 사람들은 대상의 의미는 생각할 수 있지만 그에 딱 맞는 단어를 찾아낼 수 없다.

아내는 여러 말 중에 특히 명사를 찾기 어려워 했다. 정말 이상하게도 그녀는 종종 완벽한 문장 순서를 갖춰 "나는 더는 말할 수 없어"라고 주저함 없이 말하곤 했다(내가 그녀에게 이 문장은 당신 자신의 능력을 부인하는 문장이라고 말해주면 그녀는 고개를 끄덕였다). 그녀는 자주 흥분된 상태에서 큰 몸짓을 취해 보이며 어떤 단어를 찾으려 했다. 그녀는 고통스럽고 두려운 침묵에서 내가 자신을 구해주기를 바랐다. 단어를 찾기 위해 몸부림치는 이 과

노을 지는 무렵 내게 걸어온 말들

정은 병적인 패턴이 됐다. 비참한 과정 자체가 오작동하며 그 순간에서 멈춰버리는 것이다. 나는 이 상황을 예측할 수 있고 어떻게 대응해야 할지 알고 있다. 그녀가 열정적인 추론에도 불구하고 찾고자 애썼던 그 단어를 찾을 수 없을지라도 말이다.

아내와 함께 근처 레스토랑으로 식사하러 갔을 때 슬프고 무거운 현실을 다시 한번 확인했다. 이전까지 식당에서 불쾌한 경험을 해본 적이 없다. 어려움 없이 음식을 주문하고 대화하며 계산하고 화장실에 갔다가 다시 돌아오는 다른 손님들의 이야기가 아니다. 아내와 나는 무질서 속에서 일종의 질서를 발견했다. 나는 먼저 아내를 들여보내고 그녀가 자리에 앉도록 돕는다. 그녀가 요청하면 화장실 문까지 데려다주고(가끔 아내에게 그녀 자신이 도움이 필요하다는 사실을 확인시켜줘야 한다) 밖에서 기다렸다가 그녀가 나오면 다시 테이블로 데려간다.

음식을 주문한 후 도구를 올바르게 사용해 먹을 수 있게 돕는다. 그러나 이 순서는 무너지기 쉽다. 힘들게 얻은 일관성은 그보다 더 큰 무질서의 파도에 위협받는다. 아내는 샐러드에서 빨간 양파 조각을 양상추, 올리브와 다른 재료 위에 올려놓는다. 별 의미 없는 행동이지만 어쨌든 나는 그녀만의 질서를 받아들였다. 정신은 종종 혼란스러워지고 상황은 기괴해진다.

기괴하다는 건 이상하거나 당혹스러운 것과는 다르다. 불청객 같은 존재다. 예고 없이, 초대도 없이, 판독할 수 없는 암호화된 코드처럼 아리송하게 나타난다. 기괴함은 하나의 개념이다.

쉽게 정의할 수 없음에도 불구하고 쉽게 인식할 수 있는 그런 것이다. 죽은 사람을 인위적으로 부활시켜 절반은 인간이고 절반은 기계가 된 주인공이 등장하는 그런 이야기 같다.

프랑켄슈타인은 괴상하고 기괴함의 대표적인 예다, 그 이상이기도 하고. 이 인물을 정의하려는 시도는 개념을 분명히 하는 것과 관련 있을 것이다. 무언가(사람, 생물, 사건)가 기괴하다면 그 이유는 대상이 ① 예상치 못한 것, ② 보기 드문 것, ③ 이해할 수 없는 것, ④ 무서운 것이기 때문이다.

긴 시간 동안 연락이 없던 친구의 편지는 예상치 못한 것이지만 기괴하지는 않다. 야구에서 퍼펙트 게임을 보기는 쉽지 않지만 그런 일이 벌어졌다고 해서 기괴하지는 않다. 원자 내부에서 일어나는 현상들을 온전히 이해할 수는 없지만 그게 기괴하지는 않다. 개가 짖으면 무섭긴 하지만 그 또한 기괴하지는 않다. 그래서 기괴함을 정의하기 위해 이 네 조건 모두가 필요하다고 생각한다. 프랑켄슈타인은 치매로 인해 나타나는 행동처럼 네 가지 조건 모두를 충족한다.

① 예상치 못한 것

기괴함이 느껴질 때 나는 한 단계 기대치를 낮춰야 한다. 아내는 이제 신발을 싣는 것을 어려워했다(나도 때로는 그렇다. 신발 끈이 끊어졌거나 신발이 발에 맞지 않는다거나 발등이 아프거나 나와 내 발 사이에 너무 큰 뱃살이라는 장애물이 나타났다거나). 아내는 신발 끈을 깔끔하게 묶을 수 있다. 오랜 습관이 손에 배어 있는 것이다. 그러나 끈은 단단히 묶을 수 있지만 신발은 제대로 신을 수가 없다. 왼쪽 신발에 오른발을 천연덕스럽게 구겨 넣고 있는 것이다. 그녀에게 신발이 바로 신겨 있다면 그게 우연히 벌어진 일인지 궁금해진다. 아내가 이렇게 될 줄 누가 알았을까.

그녀는 옷차림과 자세, 품위에 자신감 넘치는 여성이었다. 하지만 이제 신발 하나 제대로 신을 수가 없다. 어린아이도 신발은 바르게 신지 않는가. 사람들 대다수가 발과 신발만 온전하다면 그렇게 할 것이다.

② 보기 드문 것

아내의 능력이 점점 떨어지리라는 것은 알았지만 손상의 순서나 시기는 알 수 없었다. 몇 년이 지난 후, 아내는 알아들을 수 없는 말과 행동으로 나를 놀라게 했다.

언젠가 아내는 내가 철학 박사학위를 취득한 것을 축하하기 위해 깜짝 파티를 열었었다. 이는 우리 삶에서 매우 익숙한 패턴이었다. 내가 문을 열고 들어가면 사람들은 "서프라이즈!"하고 소리쳤다. 친구의 집에서 열린 그 파티는 가끔 열렸기에 즐거울 수 있었다. 익숙해진 습관이나 갖고 있던 능력을 잃는 건 전혀 즐거운 일이 아니고 두렵기까지 하다. 축하할 것이 하나 없다. 드물게 일어나지만 유별나게 고통스럽다.

은퇴한 목회자 한 분이 치매에 걸렸던 자신의 아버지 이야기를 들려주었다. 그는 아버지의 눈을 똑바로 쳐다보며 말했다. "아버지, 아들은 어디서 태어났나요?" 아버지는 그 정답을 맞췄지만 질문한 사람이 자신의 아들이라는 사실은 인지하지 못했다. 목사님은 이 이야기를 자세히 전하면서 기괴하다는 표현을 쓰지는 않았지만 내가 아내와 관련한 이야기를 설명할 때 그의 얼굴은 심각해지고, 생각이 많아지며 놀라는 표정을 하고 있었다. 그는 부인하지 않았다. 우리 둘 다 치매의 심각성을 알고 있었다.

③ 이해할 수 없는 것

애매한 대상은 시야를 가리고 우리의 이해를 방해한다. 하지만 그 안에 신비로움이 있고, 어쩌면 부조리한 면도 웅크리고 있다. 우리는 적어도 어떤 면에서만큼은 서로를 이해할 수 없는 존재들이다. 서로에게서 드러나지 않던 부분을 발견했을 때 놀라기도 한다.

성경에는 "마음의 고통은 자기만 알고, 마음의 기쁨도 남이 나누어 가지지 못한다"[13]는 구절도 있다. 『모비 딕』Moby Dick에 등장하는 선장 아합은 크고 흰 고래에 대해 "나는 결코 알 수 없을 것"이라고 말했다.

아내는 가끔 알아들을 수 없는 말을 한다. 특히 혼란스러울 때 더욱 심해진다. 이때 그녀가 사용하는 단어와 문장은 전혀 이해할 수 없는 말들이고, 지금은 더 자주 그렇게 말한다. 이럴 때는 아내가 의도한 의미를 내가 찾아낸다. 아내에게 질문을 던지며 단어가 어떻게 바뀌었는지, 뒤섞인 시제를 어떻게 바로잡을지, 흐릿한 의미를 어떻게 명료하게 만들지 고민한다. 아내의 생각과 말 사이의 괴리가 더 커질수록 내가 그녀의 생각을 알아차리는 경우는 더 줄어든다.

사람들 사이에 존재하는 어느 정도의 이해 불가능성은 극복될 수 있다. 바벨탑을 쌓고 탑이 무너진 뒤 서로 다른 언어로 말하게 된 바벨의 자녀들은 그 상태에서 멈춰있지 않았다.[14] 찬드라^Chandra가 힌디어만 말한다면, 나와 미국인들, 그리고 1개 국어 구사자들은 그를 이해할 수 없었을 것이다. 그러면 통역사를 부르거나 찬드라가 사용하는 언어, 다른 언어를 배울 수도 있을 것이다. 그러나 그 누구도 쇠약해져 가는 아내의 언어를 이해할 수 없다. 그녀의 정신이 명료한 순간이 온다고 하더라도 말이다. 그녀는 내가 하는 말을 이해하고 있지만, 나는 아내의 말을 자주 알아듣지 못한다. 알아야 할 것이 더 남아있는지 모르겠지만.

치매는 불투명한 검은 커튼이 조금씩 내 앞을 가리는 것과 비슷하다. 커튼은 분명 내려오지만 일정하지 않은 속도로 내려온다. 뇌의 신비로움을 다 이해할 수 있고 무지의 커튼을 던져버릴 수 있으며, 쇠약해져 가는 신체의 궤도를 조심스레 예측할 수 있는 신경학자에게도 이 이해할 수 없음은 난제로 남을 것이다. 시험을 통해서, 혹은 제3자의 분석을 통해서도 환자가 건강한지 아닌지를 완벽히 알아낼 수 없다. 어떤 검사도 이 희미한 깜빡거림을 환히 밝혀낼 수는 없다. 우리는 우리의 무지에 당황

했다. 익숙하지 않은 이 상황은 피할 수도, 차분히 적응할 수도 없다.

어느 각도에서는 가려진 것 없이 다 보인다. 소름이 끼칠 정도로 깔끔하다. 우리는 치매가 언어 능력을 무너뜨린다는 사실을 안다. 하지만 그녀는 무엇을 말하고 싶은 것일까? 왜 치료법이 없을까? 왜 악마가 아닌, 이 사람에게 이런 일이 일어났을까? 비극이 계속될수록 알 수 없는 것들로 인해 고통받았다.

나는 아내가 무슨 생각을 하는지, 무엇을 느끼는지 자세히 알 수 없다. 그녀의 실어증의 진행 상황에 대한 구체적인 내용을 모른다. 외면했기 때문이다. 치료법이 없는 질환에 대한 두려움이 더 커지기를 원치 않았다. 나는 이 질병의 일반적인 증상을 알고 있었고, 예상을 벗어나는, 정상 범위를 벗어나는 일들과 더 많이 맞닥뜨리게 되리라는 것도 알고 있었다.

④ 무서운 것

마지막으로 기괴함은 일종의 두려움과 불안감을 유발한다. 아내의 치매는 아직 나와 그녀의 신체적 안전에 위협으로 다가오지는 않았다. 하지만 언젠가 그런 날이 올지도 모른다. 그녀와 같은 질병을 앓고 있는 환자들은 심지어 다른 이를 때리거나 물기도 한다. 그러나 이런 걱정과는 별개로 두려움은 전혀 예상치 못한, 이해할 수 없는 상황을 유발하기도 한다. 한 마디로 정리하기엔 너무 격한 감정이다. 누군가가 균형을 잃고 쓰러지지 않기 위해 재빨리 중심을 바로 잡아야 하는 것처럼 혼란스러운 불안감이다. 아내는 이해할 수 없는 행동을 하며 집 주위를 배회한다. 그녀의 그런 행동을 보고 있으면 담담하다가도 불안과 두려움이 몰려온다.

치매는 내가 경험하고 느낀 바와 같이 이해할 수 있는 질병이 아니었다. 기괴하면서도 낯섦 그 자체다. 병이 최악의 상태로 치달을 때 (환자의 의식과 말이 최악의 나락으로 떨어질 때), 바로 그때 덩치를 불린 이 혼돈은 깊게 뿌리내린 안정된 영혼마저 파괴할 수 있다.

5

포기

아내가 병을 앓으면서 나아질 거라는 희망을 갖기 어려웠다. 기껏해야 뇌가 망가지는 속도를 늦출 수 있을 뿐이기 때문이다. 이토록 무서운 병을 진단받은 후 눈 앞이 하얘졌다. 증상에 대한 모든 추측, 뛰어난 의사를 찾는 과정, 치료법이 있을 거라는 기대 역시 무너졌다.

정신과 의사는 아내의 병이 '원발성 진행성 실어증'이라고 말했다(나는 말하는 능력을 상실한다는 실어증이라는 병의 의미를 알고 있었다). 잔인한 이 병은 전두엽에 생기는 질병이다. 뇌의 앞쪽부터 손상시키기 시작해 뒤쪽으로 진행된다. 알츠하이머의 진행 방향과 정반대인 셈이다. 차가운 동부 유럽 악센트로 말하던 그 냉

노을 지는 무렵 내게 걸어온 말들

정한 의사는 이 병에 걸린 환자들이 보통 5~10년 산다고 말했다. 그 순간, 아니 얼마 지나지 않아 나는 아내가 회복되리라는 모든 희망을 놓아 버렸다.

수년 동안 새로운 의사를 만나고 새로운 약, 치료법을 시도함으로써 아내의 뇌 손상을 막아보려 노력했지만 그다지 효과는 보지 못했다. 우리는 1년에 수천 달러를 생소한 약을 구하고 의사를 만나는 데 썼다. 돈이 낭비된다는 것이 고통의 주원인은 아니었다. 불확실함과 실패가 누적되며 쌓인 피로에 짓눌렸다. 이때 묵묵히 기도하고 금식했다. 물론 영적인 치유 활동으로 유명한 사람들도 찾았다. 치유에 관한 다양한 책을 읽고 저자들의 조언대로 실천하기 위해 노력했다. 그러나 허무함은 좀처럼 사라지지 않고 우리를 끈질기게 괴롭혔다.

지금은 모든 것이 명료하고 확실해졌다. 치유를 향한 항해는 희망의 배가 바다에 휩쓸려가며 끝이 났다. 대체요법이나 치료약을 수소문하던 열정도 점점 사그라들었다.

병을 진단받기 1년 전, 아내와 나는 치매처럼 보이지만 실은 우울증이라고 진단했던 신경학자를 만났었다. 그는 "뭔가가 있다"고 여러 번 말했다. 하지만 대체 무엇이 아내에게 있는지 끝내 찾지 못했고 그는 결국 오진했다.

그 허무했던 해에 의사와 나는 철학에 대해 약간의 교감을 나눴다. 그는 내가 전하는 말에 관심을 보였다. 나는 우리가 논의한 몇 가지 논점을 중심으로 짧은 편지를 써 보냈고 그것을 기독교의 논리로 설명했다. 고통과 맞닥뜨린 순간에는 내면으로 숨고 싶은 유혹이 커진다. 그때 나는 희망의 빛을 찾고자 가혹한 상황을 바라보며 견딜 수 있는 힘과 의미를 갈망하곤 했었다. 그러나 병을 진단받은 후에는 모든 것이 달라졌다. 한계점을 넘어버린 것이다. 누구도 이 여정에 자발적으로 참여한 사람은 없으니 끌려다녔다고 말해야겠다.

스위스의 정신과 의사 폴 트루니에^{Paul Tournier}는 『저항하거나 항복하거나』^{To Resist or to Surrender}에서 저항할 때와 항복할 때를 알면 지혜롭다고 말했다. 우리는 이 세상의 악과 맞서 싸워야 한다. 악은 인류의 멸망과 밀접하게 연관돼 있기 때문이다.[15] 그러나 우리는 종종 쓸데없는 싸움을 하고 계속 패배하는 불필요한 일을 벌인다. 나는 (부인하지는 않았지만) 수년간 아내의 병에 저항하다 이제는 항복을 선언했다.

모든 일에는 다 때가 있다.
세상에서 일어나는 일마다 알맞은 때가 있다.
태어날 때가 있고, 죽을 때가 있다.
심을 때가 있고, 뽑을 때가 있다.
죽일 때가 있고, 살릴 때가 있다.
허물 때가 있고, 세울 때가 있다.
울 때가 있고, 웃을 때가 있다.
통곡할 때가 있고, 기뻐 춤출 때가 있다.

노을 지는 무렵 내게 걸어온 말들

돌을 흩어버릴 때가 있고, 모아들일 때가 있다.

껴안을 때가 있고, 껴안는 것을 삼갈 때가 있다.

찾아나설 때가 있고, 포기할 때가 있다.

간직할 때가 있고, 버릴 때가 있다. (전 3:1~6)

'때', 즉 시간 개념은 전도서에서 반복되는 주제다. 신은 그 시대를 완벽하게 알고 있지만 우리는 현재만을 산다. 여기에 우리 삶의 허영이 자리한다. 전도서 저자는 허무주의자가 아니다. 그는 오히려 현실주의자다. 허영심이나 무의미함은 '공허함', '덧없음'을 의미한다.

전도서 저자는 여러 대상을 주의 깊게 관찰했지만, 자신의 모든 열망 속에서 무의미와 무지로 둘러싸인 자기 자신을 발견했다. 우리는 어느 정도가 지나친 것인지 모른다. 그 무지 속에서 허우적댄다. 그러나 아직 자기 자신을 비워낼 시간이 있다. 주님과 함께 하는 사람은 그렇지 않은 사람보다 시간, '때'에 대해 더 많은 것을 알 수 있다.

20세기의 위대한 정치가 윈스턴 처칠winston churchill은 "절대로 포기하지 마라. 절대로, 절대로, 절대로, 절대로"라는 유명한 말을 남겼다. 제2차 세계대전에서 나치에 맞섰을 때, 그의 말은 옳았다. 악마에게 굴복하기보다 싸우는 편이 더 낫다. 그러나 치매는 나치가 아니다. 잔인한 정도가 덜한 것은 아니지만 나치와 달리 치매는 굴복시킬 수가 없다. 불굴의 적을 상대로 끝나지 않는 전쟁에 참여해 맞서 싸우는 일은 멍청하고 어리석으며 힘만 낭비하는 짓이다.

포기하고 그만두면 이상한 해방감을 느낀다. 내가 그랬다. 신실한 기독교 신자이자 작가인 캐서린 마샬^{Catherine Marshall}은 『기도의 모험』^{Adventures in Prayer}이란 책에서 포기하는 기도의 초안을 담아 놓았다. 나는 이 기도문을 다른 이에게 선물하기도 했고, 기도문 그대로 기도를 바치기도 했다. 그녀의 통찰은 주님, 그리고 주님의 약속과 씨름하던 길고도 고통스러웠던 경험에서 나왔다.

아버지,

저는 오랫동안 마음속 깊이 간절한 소망을 품고 있었습니다.

그러나 제 소망을 이루어 달라고 간절히 청하면 청할수록

당신은 더 멀어져만 갔습니다.

저는 제 요구를 끝까지 붙들고 선 저 자신을 고백합니다.

저는 당신께 제 기도에 응답해달라고 기도했습니다.

부끄러운 일이지만 당신과 흥정하려 한 것이지요.

세상의 주인이신 당신을

조정하려는 어리석은 짓이었다는 걸 압니다.

제 영혼이 아프고 피곤한 것도 당연했을지 모르지요.

아버지, 당신을 믿고 싶습니다.

제 영혼은 알고 있습니다.

제가 아무것도 느끼지 못한다고 할지라도

당신은 영원히 신뢰할 만하다는 사실 말입니다.

당신은 거기에 계십니다.

(당신은 "나는 너와 함께 있다"라고 말씀하셨습니다.)

당신은 저를 사랑하십니다.

(당신은 "나는 너를 사랑했고 영원히 사랑한다"고 말씀하셨습니다.)

당신은 제게 가장 좋은 것이 무엇인지 아십니다.

(당신은 "모든 지혜와 지식의 보물"을 숨겨 놓으셨습니다.)

어쩌면 당신은 제가 제 노력을 포기할 때까지

끊임없이 기다리고 계셨던 것일지도 모릅니다.

이제 저는 제 인생에서 제 소망보다 당신을 더 소망합니다.

이제 제 의지로 이 모든 것을 당신 앞에 내려놓습니다.

그것이 무엇이든 당신의 뜻을 받아들이려 합니다.

제 감정이 이를 받아들이지 못할 때조차도

제 의지로 내린 이 결정을 헤아려 주십시오.

저는 이 결정 앞에서 저를 진실하게 붙들어달라고 기도합니다.

찬양받으시기에 합당하신 주님,

모든 좋은 것을 위해 일하시는 주님께 감사드리며

무릎을 꿇습니다. 아멘

용납할 수 없는 것을 받아들여야 한다는 것, 그것은 자신의 자유를 포기한다는 뜻이다. 헛된 노력은 아무 의미가 없다. 예수께서 기독교인들을 잔인하게 박해한 사울 앞에 신의 형상으로 나타났을 때 사울은 히브리어로 된 목소리를 들었다.

사울아, 사울아, 너는 어찌하여 나를 핍박하느냐?
가시 돋친 채찍을 발길로 차면, 너만 아플 뿐이다. (행 26:14)

다시 말하면 "나의 뜻에 반하는 일은 네게 아무런 도움도 되지 않는다"는 뜻이다. 주님의 뜻을 거스르는 일은 어떠한 결과도 얻지 못하는 헛된 노력일 뿐이다. 사울은 예수께 무릎을 꿇고 복종했다. 하지만 병에 굴복하는 건 다른 문제다. 우리는 수두, 전염병, 해충에 굴복한다. 최고의 굴복은 주님, 우리의 아버지께 굴복하는 것이다. 제자들과 최후 만찬을 가진 후 예수는 십자가의 길에 자신을 내어주었다.

그들과 헤어져서, 돌을 던져서 닿을 만한 거리에 가서, 무릎을 꿇고 이렇게 기도하셨다. "아버지, 만일 아버지의 뜻이면, 내게서 이 잔을 거두어 주십시오. 그러나 내 뜻대로 되게 하지 마시고, 아버지의 뜻대로 되게 하여 주십시오." 그 때에 천사가 하늘로부터 그에게 나타나서, 힘을 북돋우어 드렸다. 예수께서 고뇌에 차서, 더욱 간절히 기도하시니, 땀이 핏방울같이 되어서 땅에 떨어졌다. (눅 22:41~44)

빈 무덤과 부활이 약속되어 있다고 해도 가장 위대하게 살

노을 지는 무렵 내게 걸어온 말들

아왔던 삶을 포기하기란 쉽지 않았을 것이다. 말 한마디로 귀신을 내쫓고 몸이 불편한 이들을 일으켜 춤추게 하고 눈먼 이들을 보게 하고 과부의 죽은 아들을 살려낸 예수 역시 죽어야만 했다. 그리 긴 인생도 아니었지만, 모세처럼 삶의 정점에서 그 역시 죽어야 했다. 예수는 자신의 운명에서 벗어날 수 있을 때조차 주님께 복종했다.

그렇다. 난 아내의 병을 낫게 하리라는 어떤 희망도 포기했다. 날마다 더 고통스러워할 아내를 보살피며 암울한 나날을 보내야 할 것이다. 가끔 주님께 버림받은 것처럼 느끼겠지만 주님은 우리를 포기하지 않으신다.

가련하고 빈궁한 사람들이 물을 찾지 못하여 갈증으로 그들의 혀가 탈 때에, 나 주가 그들의 기도에 응답하겠고, 나 이스라엘의 주인이 그들을 버리지 않겠다. (사 41:17)

에피소드

우리의 반려견, 써니

어느 월요일. 간병인이 쉬게 되면서 내가 아내의 끼니를 오롯이 책임져야 했다. 아침에 지하실에서 책을 읽고 〈데카르트와 미국 정치〉라는 라디오 프로그램과 인터뷰를 진행한 후, 아내의 점심을 챙겨야 한다는 걸 깨달았다.

위층으로 뛰어 올라갔다. 불현듯 두려움이 몰려왔다. 이런 공포는 황혼을 걷는 여정에서 나의 친숙한 감정인데도 불구하고. 아내 방에 들어갔을 때 슬프고도 익숙한 광경을 마주해야만 했다. 아내가 바닥에 주저앉아 울고 있었던 것이다.

"무슨 문제 있어, 여보?"

노을 지는 무렵 내게 걸어온 말들

"전부 다."

반려견 써니 역시 뒤이어 계단을 뛰어 올라왔다. 울음소리를 알아차릴 수 있게 훈련된 이 강아지는 나무랄 데가 없었다. 물론 써니는 우리와 함께 울지 않는다. 그러나 우리가 우는 걸 누구보다도 먼저 알아챈다. 써니가 방에 들어왔을 때 내가 말로 아내를 위로하는 것보다 써니가 말없이 곁에 있는 것이 아내를 더 깊이 위로할 수 있다는 사실을 알았다.

써니는 언제나 우리에게 다가온다. 꼬리를 낮게 흔들며(신경질 혹은 걱정의 표현이다), 자신이 할 수 있는 만큼 아내에게 바짝 다가온다. 써니가 가장 잘하는 동작은 하반신을 반듯하게 유지하면서 머리를 땅에 대고 행복한 소리를 내며 몸을 흔드는 것이다. 몸을 부비고 춤을 추듯 애정을 표현하고 난 뒤 "당신을 위한 거야"라고 말하는 듯 우리 앞에 앉는다. 나는 써니를 보며 흥얼거렸다. "써니는 우리를 사랑해. 내가 알지. 써니가 핥는 소리가 그렇게 말해주거든." 아내는 그제야 웃었다. 나도 웃었다. 써니도 분명 웃었을 것이다.

"여보, 점심 먹을 준비됐어?"

나는 힘차게 물었다. 아내는 점심을 먹으러 1층으로 내려왔고 진정제 두 알을 먹었다. 그러나 어떤 약도 써니라는 이름의 이 강아지 안에 담긴 주님의 은총과 보드라운 털을 대신할 수는 없을 것이다.

6

신을 원망하고 싶은
유혹

아내의 상태가 나빠지면서 나는 모든 상황에 화가 났다. 그중에
서도 가장 화났던 상황을 꼽자면 아내가 처음 센터에 입원했던
순간이다(아니면 그 직후에 벌어진 사건일 수도 있고). 아내는 다른 병
원으로 이송되어 이틀 정도 그곳에 머물렀다. 병원에 전화를 걸
어 아내의 상태를 물었다.

"괜찮아요. 환자분은 첫 번째 ECT^{Electroconvulsive therapy}(전기경련
요법)를 하고 지금 쉬고 계세요."

난 전화로 소리쳤다.

"네? 전 ECT에 동의한 적이 없는데요?"

감당하기 어려웠던 분노가 폭발했다. 내 몸은 터져버릴 것만

같았다. 소리를 지르고 코웃음을 쳤다. 결국 분에 못이겨 멀쩡해 보이는 세간살이를 몇 개 부수고 나서 병원으로 달려갔다. 병원으로 가는 길에 조금 정신을 차려 친구의 집에 들렀다. 나는 친구를 붙들고 소리치고 울었다. 그리고 내가 태어난 사실을 후회했다(마치 성경 속 인물 욥처럼 말이다). 다시 정신을 차리고 난 후 힘겹게 병원으로 향했다.

ECT는 전기충격요법을 의미한다. 극단적인 우울증 환자에게 쓰이는 치료법 중 하나다. 사건이 생기기 며칠 전 아내와 나는 신경이완학자에게 이 치료법에 관한 설명을 들었다. 그는 자신 앞에 두 영혼이 앉아있다는 사실도 잊은 채 계속 웅얼거렸다. 나는 그의 말을 경청했지만 치료를 받을지 말지 결정하지 못한 상태였다. 40년 전 보았던 영화, 〈뻐꾸기 둥지 위로 날아간 새〉^{One Flew Over the Cuckoo's Nest16)}와는 상황이 너무 달랐다. 환자의 발작을 예방하는 매우 효과적인 이 치료법은 아내에게 매우 적합해 보였으나 쉽게 결정을 내릴 수 없었다.

'분노했다'는 말은 내 감정을 설명하기엔 턱없이 부족한 표현이다. 난 그 이상으로 격렬하게 분노하고 있었다. 이 문제에 대한 의견을 얻기 위해 세 명의 다른 의사들에게 연락을 취했다. 그들 모두 ECT가 매우 효과적인 치료법이라고 설명했다. 아내가 우울증을 이겨내는 데 큰 도움을 줄 것이라고 말이다. 그러나 이 치료법도 아내의 치매를 늦추지는 못한다. 아내가 치매와 비슷한 징후를 보이는 우울증 환자였다면 나는 희망을 걸었을지도 모르겠지만 그럴 리가 없어 보였다.

내 분노는 아내에 대한 헌신을 상징한다기보다 매우 현실적인 의미를 갖고 있다. 나는 아내를 위해 무엇을 해야 할지 명료하게 상황을 판단하고, 결정을 내려야 했다. 그 순간, 내가 무언가를 결정하기 위해 동분서주하는 동안 그런 생각이 들었다. '아, 나는 지금 이 순간 주님에 대해 전혀 생각하고 있지 않구나. 내가 고통과 두려움, 슬픔으로 가득 차 있다는 사실을 그분은 모르고 계실까? 정말 오랫동안 당신의 구원받은 자녀였던 아내에게 주님은 아무런 관심도 없으신 걸까?'

주님께 당신을 증오한다고 계속해서 말했다. 이러는 내가 싫었지만 말을 멈출 수 없었다. 나는 이제껏 한 번도 주님의 존재에 대해 의심하지 않았고 그의 선하심에 대해서만 질문해왔다.

어쩌다 나는 '신-혐오론'의 경계에 서 있었다. 어쩌면 신을 혐오하는 그 사상을 잠시나마 지지했는지도 모른다. 그 이론은 응당 옳은 것처럼 보였으나, 내 기분은 곧 끔찍해졌다.

주님은 내 기도를 듣고 계셨을 것이다. 다만 우리에게 아무 대답이 없으실 뿐이다. 주님이 계신 곳이 어디든, 회오리바람 속이든 광활한 평야이든 그는 아무 말도 하지 않으셨다. 그러나 온몸으로 느낄 수 있었다. 속을 알 수 없고 겉으로 보기에 냉혹한 그 주님이 바로 나의 주님이시고, 그가 나의 유일한 희망이라는 것을 말이다.

노을 지는 무렵 내게 걸어온 말들

그가 고난을 받을 때에, 내가 그와 함께 있겠다. 내가 그를 건져 주고, 그를 영화롭게 하겠다. (시 91:15)

내가 하얗고 뜨거운 혼돈의 가마솥에서 헤매는 동안, 내게 고결함이란 단어는 남지 않았다. '헤아릴 수 없는 평화' 따위도 없었다. 답이 없는 일련의 사건들은 내 이해를 넘어서 있었다. 두려움이라고는 없던 나는 주님 앞에서 무례하게 굴었다. 내 기반은 흔들렸고 책임은 더욱 커졌다. 그러나 도저히 할 수 없던 일은 바로 주님을 외면하는 것이었다. 나는 주님을 알고, 주님 역시 나를 알고 계신다. 나는 주님께 붙잡힌 사람이다.

나에게는 젊고 똑똑하지만 신을 혐오하고 신앙을 가질 마음이 전혀 없는 친구가 있다. 그는 독실한 부모 밑에서 자랐다. 하지만 그의 마음은 괴로움으로 가득 차 있었다. 그는 대개 행간을 띄우지 않은 여섯 장 분량의 편지(이메일이 아니다)를 보냈다. 자신의 가족이 신을 섬기다가 여러 차례 어려움을 겪었는데, 그 때문에 신을 비난해 왔다는 내용이었다. 나는 그의 증오를 해결할 수 없었다. 단지 기다리고 기도하며 그의 분노를 이해해 줄 수밖에.

화가 머리끝까지 올라올 때마다 마틴 루터를 떠올리며 위로를 얻는다. 그는 용기와 지혜, 깊은 신앙심을 가진 사람이었으나 동시에 격렬하게 논쟁하던 사람이기도 하다. 전해진 바에 따르면 그는 "주님을 사랑합니까? 저는 주님을 증오합니다!"라고 말했었다. 신을 원망하는 것이 때로는 도움이 될 때도 있을 것이다. 하지만 그런 조언을 전하지 않겠다. 당신은 주님께 화가 나 있을지도 모른다. 당신이 무시할 수 없는 주님께 말이다.

그러나 동시에 당신은 주님께서 당신을 무시하지 않으리라는 사실도 안다. 당신의 마음이 향할 바는 결코 숨겨지지 않는다. 당신이 주님을 비난할 때의 기분은 주님을 사랑하고 그의 사랑을 만끽할 때와는 판이하게 다르다. 순수한 감정의 뒤섞임은 당신이 처한 상황을 명료하게 알려주고 당신을 다시 주님께 이끌어줄지도 모른다. 사랑이 증오보다 낫다.

학자들은 참 이상하고도 매력적인 연구 주제를 생각해낸다. 버나드 슈바이처[Bernard Schweizer]는 『신을 증오하다』[Hating God]에서 신-혐오론이라 불리는 새로운 종교, 혹은 반反 종교를 명명하고 정의했다. 슈바이처는 "간단히 말해 신-혐오론은 세상 도처에 퍼져있는 고통과 불공평, 무질서에 대한 반응이다. 신-혐오론자들은 우리 인간이 신의 부주의함이나 가학의 대상이 돼왔다고 느끼며 신이 진정 인간을 사랑하는지에 대해 의문을 제기한다"[17]고 말했다.

유대교, 기독교, 이슬람교 중 어느 종교든 신에 대한 믿음을 고백하고, (가끔은 소리 지르고 발을 구르며) 신의 권위와 특권을 찬양한다. 무신론자들은 신의 존재 자체를 부정하고 신이 없는 세상 속에 살기를 원한다. 그러나 내가 보기에 대다수 무신론자들은 "신은 없지만 나는 그를 증오한다"고 말하는 것 같다.

노을 지는 무렵 내게 걸어온 말들

신-혐오론자들은 유신론과 무신론 모두를 부정한다. 신의 존재를 받아들이나 그를 사랑하지 않고, 특히 숭배하기를 거부한다. 염세가들이 세상을 혐오하고 여성혐오론자들이 여성을 혐오하듯 신-혐오론자들은 신을 혐오한다. 그들은 "신은 존재하지만 나는 그를 증오한다"고 외친다.

우리 중 다수는 임시 또는 비정기적인 신-혐오론자들이다. 우리는 신에게 실망하고 짜증내며 심지어 분노한다. 나는 이전에 비애와 요란한 (그러나 위험하지는 않은) 분노로 죄를 지었다. 이러한 폭발은 짧은 에피소드 이상으로 확장될 수 있다.

아내가 병을 진단받은 후 오랜 친구에게 편지를 보냈다. 거기서 "주님은 잔인해. 점점 더 나는 (회의주의적이고 세속주의적인) 전도서에 확신을 느껴"라고 적었다. 이런 생각을 굳히게 된 이유는 물론 아내의 시련 때문이었다.

전도서를 조금밖에 연구하지 못한 아마추어 성경 전문가로서 내 생각이 옳다고 판단한다. 전도서의 저자는 불공평하고 잔인하며 실망의 연속인 삶이 주님께서 지켜보는 가운데 일어난다고 자인하지 않는가?

아버지께서 이루어놓으신 것을 보아라. 아버지께서 구부려놓으신 것을 펼 사람이 어디 있는가? 일이 잘되거든 행복을 누려라. 일이 틀려가거든 이 모든 것이 다 아버지께서 하시는 일인 줄 알아라. 아무도 한 치 앞을 모른다는 것을 깨달아라. (전 7:13~14)

주님은 기쁨의 날을 만드는 데 만족하시 않고 고통의 날 또한 만드셨다. 하늘을 나는 듯한 기쁨의 시간과 고난 속을 헤매는 시간, 둘 모두의 창조자는 주님이시다. 전도서의 저자는 모든 사건에서 주님을 본다. 그러나 그는 시련의 시간을 겪는다고 해서 주님께 등을 돌리지는 않는다.

욥은 자신에게 닥친 고난 끝에 전도서 저자의 말에 동의하지만 그럼에도 어찌된 일인지 주님을 찬양한다.

> 벌거벗고 세상에 태어난 몸, 알몸으로 돌아가리라. 야훼께서 주셨던 것, 야훼께서 도로 가져가시니 다만 야훼의 이름을 찬양할지라. (욥 1:21)

욥은 자신의 고통이 죄로 인한 것이라고 훈계하는 친구들과 대화하며 병마와 싸운다. 그는 이제 주님께 대적하는 자신의 주장을 세운다. 이후 주님은 자신의 모습을 드러내 보이시고 강자가 약자를 먹어 치우는 잔혹한 세상의 주권이 자신에게 있음을 강변하신다. 주님의 거룩한 꾸지람이 잦아든 뒤 욥이 대답한다.

> 알았습니다. 당신께서는 못하실 일이 없으십니다. 계획하신 일은 무엇이든지 이루십니다. 부질없는 말로 당신의 뜻을 가린 자, 그것은 바로 저였습니다. 이 머리로는 헤아릴 수 없는 신비한 일들을 영문도 모르면서 지껄였습니다. 당신께서는 말씀하셨습니다. "이

제 들어라. 내가 말하겠다. 내가 물을 터이니 알거든 대답하여라."
당신께서 어떤 분이시라는 것을 소문으로 겨우 들었었는데, 이제
저는 이 눈으로 당신을 뵈었습니다. 그리하여 제 말이 잘못되었음
을 깨닫고 티끌과 잿더미에 앉아 뉘우칩니다. (욥 42:1~6)

욥은 결국 겸손해졌으나 모든 이가 이런 태도를 갖게 되는
건 아니다.

도스토옙스키Dostoevsky의 『카라마조프 가의 형제들』에서 이반
카라마조프는 자신을 경멸하는 대신 주님을 경멸한다. '반역'이
라는 장에서 인간이 부당하게 받는 고통, 특히 아이들이 고통
받는 사례를 인용한다. 그 내용을 적는 일은 매우 고통스러운
일이지만 정직하게 마주해보기로 하겠다. 신을 믿지 않는 이반
은 개신교도 형제 알료사와 대립한다. 이반은 말한다.

"불가리아에서는 터키인들과 체르께스인들이 슬라브인들의 대대적
인 폭동을 두려워하여 전국 방방곡곡에서 잔악한 행위를 저지르
고 있다는 거야. 다시 말해서 불을 지르고, 사람을 죽이고, 여자들
과 아이들을 폭행하고, 사로잡은 사람들의 귀를 담장에 못 박아 놓
은 채 아침까지 방치했다가 아침에는 교수형에 처하는 등 상상할
수도 없는 잔인한 짓을 저지르고 있다는 거야. 사실 인간의 〈동물
적인〉 잔혹성에 대해서는 간혹 이야기를 하지만, 그것은 동물들에
게 너무나 천부당만부당하고 모욕적인 이야기겠지. 동물들은 결코

인간들처럼 그렇게 잔인할 수 없어, 기교적이고 예술적일 정도로 잔인할 수는 없거든. 호랑이는 그저 물어뜯고 찢어 놓는 것밖에 못해. 호랑이한테 설혹 그런 능력이 있다고 하더라도, 인간의 귀를 밤새도록 못으로 박아 놓을 생각은 하지도 못할 거야. 그렇지만 그 터키 인들은 배를 갈라 내장을 꺼내는 것부터 젖먹이 어린애를 공중으로 던졌다가 그 어머니가 보는 앞에서 총검으로 찌르는 것에 이르기까지 음욕에 가까운 쾌락을 느끼면서 아이들도 괴롭혔대. 어머니가 보는 앞에서라야 쾌감도 가장 크다나."[18]

이반은 무신론자가 아니다. 동시에 그는 유신론자도 아니다. 그는 존재하는 신을 혐오하고 신에게 반대한다. 또한 이반은 유신론자들을 혐오하며, 유신론을 반박하는 데 앞장서는 탁월한 대변자다. 그는 아무리 거룩하고 고귀한 은총을 허락한다고 하더라도 앞서 언급한 폐해를 보상할 수는 없다고 말한다. 신에 의해 위대한 조화가 펼쳐진다 해도 인간에 대한 저런 잔인함을 정당화할 수 없다.

"그래서 나는 서둘러 입장권을 되돌려보내 주는 거야. 만일 내가 정직한 사람이라면 가능하면 빨리 그걸 돌려보내야 한다구. 나는 그렇게 생각하고 있어. 신을 받아들이지 않는다는 것이 아니야, 알료샤. 난 그저 입장권을 정중히 돌려보내는 것뿐이야."
"그건 반역이에요." 알료샤가 눈을 내리깔며 조용히 말했다.[19]

노을 지는 무렵 내게 걸어온 말들

주님이 나를 철저하게 괴롭히실 때, 그의 말이 나를 더욱 괴롭게 한다.

C. S. 루이스[C. S. Lewis]는 본래 신-혐오론자들을 싫어하지는 않았으나, 그런 경향으로 이끌리는 유혹을 받게 된다. 아내 조이 데이비드맨[Joy Davidman]이 죽은 후 주님이 사라진 것처럼 느꼈던 그는 당시 감정을 이렇게 묘사했다.

행복할 때는 행복에 겨워서 주님이 필요하다는 생각조차 하지 않는다. 너무 행복해서 그분이 우리를 주장하시는 게 간섭으로 여겨지기조차 하는 그때, 우리가 스스로의 잘못을 깨닫고 그분께 감사와 찬양을 돌린다면 두 팔 벌려 환영받을 것이다. 그러나 다른 모든 도움이 헛되고 절박하여 주님께 다가가면 무엇을 얻는가? 면전에서 쾅 하고 닫히는 문, 안에서 빗장을 지르고 또 지르는 소리. 그러고 나서는, 침묵.[20]

루이스는 자기 자신과 독자들에게 정직했다. 그는 기독교인의 의무를 잊지 않았다. 겉만 보면 그는 고난을 이겨낸 듯 보였지만 깊은 고뇌를 가슴 속에 품고 있었다. 그가 슬픔에 빠진 후 마주한 모든 일에서 어떤 대가를 치렀는지 살펴보기 위해서는 『헤아려 본 슬픔』을 읽어야 한다.

나는 의로운 척하며 주님의 잘못을 비난했다. 주님이 완벽한 존재

가 아니라고 생각하는 건 너무 당연하지 않은가? 난 그에 대해 많은 것을 알고 있다.[21]

하지만 난 주님이 완벽한 존재라고 믿는다. 분노의 힘에도 불구하고 내 감정은 거룩한 실재와 맞닿지 못한다. 나는 완전히 정화되지 못했다.

그러나 분노가 가라앉고 삶이 다시 내 눈에 들어왔을 때, 아내가 나의 도움을 필요로 하고 사람들이 나를 강한 존재로 여길 때, 나는 다시 주님께 돌아가야 한다.

루이스가 주님은 선한 분이 아닐지도 모른다는 자신의 생각을 자신과의 싸움으로 묘사하는 것을 보고, 분노에 찬 나 자신을 이해하는 데 도움을 얻었다.

가학적인 신에 대한 생각들은 사상의 표현이라기보다는 증오의 표현에 가깝다. 그렇게 함으로써 나는 괴로움에 찬 인간만이 얻을 수 있는 그런 쾌락(반격하는 데서 오는 쾌락)을 느끼고 있었다. 그건 그저 저잣거리에서 쓰는 악의에 찬 욕설일 뿐이었다. '내가 주님을 어떻게 생각하는지 주님께 말하는 것'은 그저 욕설일 뿐이었다. 물론 모든 욕설이 그렇듯이, '내가 생각하는 것'이 곧 내가 참되다고 생각하는 것을 의미하지 않는다. 내가 어떻게 생각하는지 털어놓는 것은 주님(과 그 숭배자들)을 가장 욕되게 할 뿐이다. 이러한 종류의 욕설을 퍼부으면 모종의 쾌락을 느낀다. '가슴속 맺힌 것을 털어놓

고' 마는 것이다. 그러면 잠깐은 기분이 더 나아진다.[22]

그 모욕(신은 사디스트일 뿐이야!)은 루이스 자신을 위한 것이었다. 확실한 판단이라기보다 고통에 대한 감정적 보상이며 자기 자신을 위한 것이라고 생각했다. 그러나 이런 생각을 멈출 수가 없다. '내가 주님이라면 아내에게 그런 가혹한 병을 주지는 않았을 거야.'

그러나 나는 주님은 무능하며 내가 그보다 세상을 더 잘 다스릴 수 있으리라는 망상을 내려놓아야 한다. 우리는 얼마나 자주 그런 생각과 말을 내뱉는가? 어떤 이는 농담으로, 어떤 이는 깊은 좌절감으로, 어떤 이는 무신론이나 신을 혐오하는 명제로 이 말을 사용한다.

기억해야 한다. 첫째, 우리 모두가 선하고 전지전능하다는 생각은 착각일 게 자명하다. 그러므로 "만약 내가 신이라면 나는 어떻게 할 것이다"라는 생각은 터무니없다. 당신이 신이라면 당신은 더는 유한하고 실수를 되풀이하는 존재일 수 없다. 당신이 가진 몇 가지 속성을 부풀려 거룩한 왕좌를 차지했다고 말해서는 안 된다. 만약 그런 주장을 당신이 붙든다면 사기꾼으로 밝혀져 거짓 왕좌에서 쫓겨날 것이다.

둘째, 인간은 성경, 이성적 직관, 건전한 추론을 통해 주님의 존재와 자연에 대해 많은 것을 알 수 있다. 하지만 정작 우리가 간절히 알고자 하는 것들은 주님이 감추어 놓으셨거나 우리 한계 때문에 알 수 없다. 전지전능하신 주님은 우리가 알지 못하는 선한 계획을 가지고 계시다. 우리는 계획의 일부만을 알지만 주님은 전부를 알고 계신다. 우리는 제한된 지식과 확인된 장점을 도구로 삼아 목적을 달성하기 위한 방법을 계획한다. 우리는 때로 성공을 거두어 주님께 감사를 돌리고 서로를 축하한다. 그러나 모든 것을 알고 계획하는 분은 주님이시다. 주님은 모든 것을 알고 계시고 자신이 원하는 바를 일으키실 수 있다. 그의 계획은 그가 뜻한 시간에 그의 뜻대로 이루어질 것이다.

우리는 목적을 달성하지 못하거나 넘어서기 힘든 벽과 맞닥뜨렸을 때 "내가 신이라면 이것보다 잘하겠다!"라고 소리친다. 신자들은 "주님, 얼마나 더 견뎌야 합니까?"라며 탄식할지도 모른다. 그러나 당신이 신이 된다 해도 신이 과거에 행했던 일들, 지금 행하고 있는 일들, 미래에 행할 일들을 정확히 똑같이 행하게 될 것이다.

나는 이 주장이 설득력 있다고 판단하지만, 감정적으로는 주장을 그대로 받아들이지 못한다. 다른 대안이 없기에 주님의 권위에 몸을 맡기고 그를 계속 따라야 한다. 나는 다른 이들이 예수를 버렸을 때조차 그의 곁에 머물렀던 베드로이고 싶다. 요한복음은 (우리가 흔히 말하듯) 예수의 난해한 말들을 전한다. 그는 구원에 관해 이렇게 말한다.

예수께서는 다시 이렇게 말씀하셨다. "정말 잘 들어두어라. 만일 너희가 사람의 아들의 살과 피를 먹고 마시지 않으면 너희 안에 생명을 간직하지 못할 것이다. 그러나 내 살을 먹고 내 피를 마시는 사람은 영원한 생명을 누릴 것이며 내가 마지막 날에 그를 살릴 것이다. 내 살은 참된 양식이며 내 피는 참된 음료이기 때문이다. 내 살을 먹고 내 피를 마시는 사람은 내 안에서 살고 나도 그 안에서 산다. 살아 계신 아버지께서 나를 보내셨고 내가 아버지의 힘으로 사는 것과 같이 나를 먹는 사람도 나의 힘으로 살 것이다. 이것이 바로 하늘에서 내려온 빵이다. 이 빵은 너희의 조상들이 먹고도 결국 죽어간 그런 빵이 아니다. 이 빵을 먹는 사람은 영원히 살 것이다." 이것은 예수께서 가파르나움 회당에서 가르치실 때 하신 말씀이다. (요 6:53~59)

주님의 뜻이 담긴 엄청난 사건이 일어나자 이탈자가 발생하고 만다.

제자들 가운데 여럿이 이 말씀을 듣고 "이렇게 말씀이 어려워서야 누가 알아들을 수 있겠는가?" 하며 수군거렸다. (요 6:60)

예수는 군중의 약점을 이용하려 하지도 않았고 자신이 가르치는 내용을 자세히 설명하지도 않았다.[23] 그는 은유를 낱낱이 풀어 설명하기 보다 동참하기를 바랐다. 몇몇 사람들은 예수의 말을 인정하지 않았다. 짧은 가르침이 이어진 후에 우리는 이 대목과 만난다.

> 이때부터 많은 제자들이 예수를 버리고 물러갔으며 더 이상 따라
> 다니지 않았다. 그래서 예수께서는 열두 제자를 보시고 "자, 너희
> 는 어떻게 하겠느냐? 너희도 떠나가겠느냐?" 하고 물으셨다. 그러
> 자 시몬 베드로가 나서서 "주님, 주님께서 영원한 생명을 주는 말
> 씀을 가지셨는데 우리가 주님을 두고 누구를 찾아가겠습니까? 우
> 리는 주님께서 아버지가 보내신 거룩한 분이심을 믿고 또 압니다"
> 하고 대답하였다. (요 6:66~69)

베드로가 예수께서 전하신 어려운 말씀을 이해했다는 증거
는 없다. 아마 이해하지 못했을 것이다. 그러나 다른 제자들이
떠난 후에도 베드로만은 남아있었다. 그는 예수가 진실하고 신
뢰할 만한 존재라는 사실을 알고 있었다. 그는 예수와 동행했고
그의 가르침과 기적, 그의 성품을 곁에서 지켜보았다. 또 생각해
보면 베드로가 간다고 한들 어디로 갈 수 있었을까? 베드로 개
인에게도 예수 곁에 남는 것이 최선의 선택이었으리라. 베드로는
신앙의 기복이 심했던 인물이라고 알려져 있으나 그의 간증은
우리에게 많은 걸 알려준다. 지식에 갇혀 있는 우리는 도리어 무
지를 통해 참된 길을 발견할 수 있다.[24] 수백 년 전 한 설교자는
우리에게 말했다.

나는 지혜를 통해 사람들이 땅 위에서 밤낮 눈도 못 붙이고 수고하는 까닭을 알려고 무던히 애를 써보았지만, 아버지께서 하늘 아래서 하시는 일은 아무도 알 수 없음을 깨달았다. 아무리 찾아도 그것을 알 사람은 없다. 이런 일을 안다고 장담할 현자가 있을지는 몰라도 그것을 참으로 아는 사람은 아무도 없다. (전 8:16~17)

고통 속에서 의미와 희망을 찾는 과정을 힘겨워하고 있다면, 베드로의 절절한 고백을 떠올려야 한다. "우리가 주님을 두고 누구를 찾아가겠습니까?" 베드로처럼 나도 돌아가기에는 너무 멀리 왔다. 무신론자, 불교도, 힌두교도, 뉴에이지주의자, 이슬람교도, 신-혐오론자 또는 불가지론자가 될 수는 없다. 한 성가가 전하듯 "나는 예수를 따르기로 결심했다. 돌아가지 않는다. 결코 돌아가지 않는다."

나는 그를 영원히 떠날 수 없을 것이다. 그러나 내 믿음은 점점 더 약해지고 종잡을 수가 없다. 나는 베드로처럼 다른 이들 앞에서 예수를 부인한 적은 없다. 그러나 어리석게도 다른 이들 앞에서 주님을 꾸짖고 힐난했었다. 주님께 화가 날 때, 나를 위해 십자가에 달린 예수를 기억하려 한다. 그 순간만큼은 다시 신앙으로, 평화로 돌아갈 수 있다. 나는 내가 품고 있는 이 어둠과 함께 살아야 한다. 점점 어두워지는 황혼을 걷듯 조심스럽게 여정을 계속 이어가야 한다.

주님을 미워하는 가장 좋은 방법은 (문자 그대로 혹은 마음으로)

무릎을 꿇고 분노의 마음이 사랑으로 바뀌기를, 거룩한 존재에 대한 받아들임으로 바뀌기를 기다리는 것이다. 신을 향한 신랄한 비난은 무관심이나 무감각보다 낫다. 윌리엄 바쿠스^{William Backus}가 말했듯 대다수 기독교인은 '주님과의 관계에 숨겨진 균열'[25]을 갖고 있는데 주님은 이를 없애려 하지 않으신다. 우리 중 누군가는 출혈이 날 만큼 큰 균열을 갖고 있기도 하다. 그가 주님과 맺은 관계는 심각하게 훼손돼 있다. 이스라엘의 조상 야곱과 마찬가지로, 우리는 주님께서 우리를 축복하실 때까지 그와 씨름해야 한다. 그러나 야곱이 주님의 축복을 받을 때 다리를 다쳤듯, 축복은 항상 상처와 함께 온다.[26] 주님을 향한 여정에서 우리는 언제나 절뚝거리겠지만, 삶은 결코 그것으로 끝나지 않을 것이다.

7

한탄하는
법을 배우다

블레즈 파스칼^{Blaise Pascal}은 『팡세』^{Pensees}에 이렇게 적었다.

> 모든 사람은 행복하게 되려고 애쓴다. 여기에 예외는 없다. 그러기
> 위해서 사용하는 방법은 제각각이라 할지라도 모두 이 목적을 지
> 향하고 있다. 어떤 사람을 전쟁에 보내는 것도 다른 사람을 거기에
> 보내지 않는 것도 이 동일한 염원에 지나지 않는다. 이 염원은 두
> 사람에게 다 있지만 다만 다음 견해를 수반하고 있을 뿐이다. 의지
> 는 이 목적을 지향하지 않고서는 조금도 나아가려 하지 '않는다'.
> 이것은 모든 인간의, 심지어는 목을 매고 죽으려 하는 사람에 이르
> 기까지 모든 행동의 동기다.²⁷⁾

상처받은 마음이 울부짖으며 던지는 질문은 우리의 행복이 그 날카로운 고통 앞에서도 유지될 수 있는가다.[28] 파스칼은 터무니없는 말을 지껄인 게 아니다. 그는 기독교인으로서 신념을 유지하며 슬퍼하는 법을 알았고 이는 「고통의 적절한 사용을 신에게 묻는 기도」Prayer to Ask of God the Proper Use of Suffering라는[29] 에세이에서 찾아볼 수 있다. 슬퍼하는 과정을 거쳐 지혜롭게 다시 태어나 고통에 의미를 부여할 수 있지만, 미국 문화는 이를 환영하지 않는다.

최근 '긍정 심리학'에 근거해 행복에 관해 논하는 다양한 책들이 출간됐다. 신경증과 장애를 강조하는 대신, 심리학자들은 이제 무엇이 인간을 성취로 이끄는지를 탐구한다. 내가 읽은 책 『진정한 행복』Authentic Happiness은 제목대로 참된 행복에 대해 다루고 있는데, 섬세한 연구 결과에 바탕을 두고 있다.[30] 하지만 이 책은 우리가 가지게 되는 원한을 현명하게 사용하는 것에 대해서는 거의 말하지 않는다. 내가 아는 한 『진정한 슬픔』Authentic Sadness이란 제목을 가진 책은 없다. 그러나 최근 『행복에 맞서다』Against Happiness라는 책을 접하게 됐다. 우울하면서도 희망적인 이 책을 읽으며 아내와 나를 괴롭힌 모든 상실에 깊이 슬퍼할 수 있었다. 내 성찰은 목적을 갖고 있다. 주님이 지으신 세계에서 현실적인 희망을 갖고 고통과 함께 잘 사는 것, 나는 그 성찰을 여기서 좀 더 자세하게 확장하고 싶다. G. K. 체스터턴G. K. Chesterton은 자신이 낙관주의와 비관주의라는 서로 다른 극단적인 교리

에 반대하며 일생을 보냈다고 말했다. 낙관도 비관도 아닌 제3
의 길은 희망이다. 사도 바울은 사람이란 고난을 통해 다듬어지
고 고난을 통해 희망을 품게 된다는 사실을 알았다.

> 우리는 고통을 당하면서도 기뻐합니다. 고통은 인내를 낳고 인내
> 는 시련을 이겨내는 끈기를 낳고 그러한 끈기는 희망을 낳는다는
> 것을 우리는 알고 있습니다. 이 희망은 우리를 실망시키지 않습니
> 다. 우리가 받은 성령께서 우리의 마음속에 주님의 사랑을 부어주
> 셨기 때문입니다. (롬 5:3~5)

희망을 갖는 일은 축하받을 만하고 우리를 성장하게 하는
훈련이다. 희망을 더욱 단단하게 하기 위해 고통이 필요하다는
바울의 말에 동의한다. 누군가 희망을 힘들게 얻었다면 그 사람
은 위로와 영감 모두 얻은 것이다. 그러나 쉽게 얻을 수 있는 희
망은 필요하지 않다. 절망적인 상태를 기회 삼아 아무것도 주지
못하면서 얼버무리는 호객꾼들, 허풍 떠는 판매원들이 있다. 현
실을 내어주고 얻는 헛된 희망은 잔인하다. 그것은 슬픔에 속임
수를 더할 뿐이다. 따뜻하고 조용한 피난처지만, 사실 그곳이 하
수구라면 그런 장소를 피난처로 부를 수 있는 걸까?

기독교인들은 삶에 비극적인 차원이 있음을 인정한다. 새롭
게 등장한 선동자, 기독교인 과학자, 윤리 상대주의자, 포스트 모
더니스트들과는 달리 우리는 삶에 나쁜 일이 생겨나리라는 걸

안다. 나쁜 일은 우리에게 어리석음을 불러오는 환영이 아니다. 진짜 나쁜 것은 전해지는 자극을 약화하기 위해 상황을 부드럽게 윤색하는 것이다. 성경은 인류의 타락 이후 세계는 죽음과 퇴보, 실망(창세기 3장, 로마서 3장)으로 가득 차 있었다고 말한다. 사도 바울은 최후의 구원이 있을 때까지 온 세상은 신음하리라고 예언했다.

> 우리는 모든 피조물이 오늘날까지 다 함께 신음하며 진통을 겪고 있다는 것을 알고 있습니다. 피조물만이 아니라 성령을 아버지의 첫 선물로 받은 우리 자신도 아버지의 자녀가 되는 날과 우리의 몸이 해방될 날을 고대하면서 속으로 신음하고 있습니다. (롬 8:22~23)

다른 이들이 깊은 상실감을 느끼게 될까 두려워 극단적인 낙천주의자가 될 수는 없다. 값싼 위로와 거짓 위안을 만들어서도 안 된다. 타락한 이 세상에는 진부하지만, 예측 불가능한 나쁜 일들이 존재한다.

인간의 감정을 객관적 사실과 일치시키려는 노력은 미미한 시도가 아니다. 즐겁고 재미있는 감각 그 이상을 우리가 느끼게 해준다. C. S. 루이스는 『인간 폐지』^{Abolition of Man}에 다음과 같이 썼다.

아주 최근까지 교사들과 사람들은 우주는 우리의 정서 반응과 일치하거나 들어맞지 않는 그런 것이 될 거라고 믿었다. 사실 사람들은 그 물체가 우리의 찬성과 반대, 우리의 반항과 경멸을 받을 가치가 있다고 믿은 것이다.[31]

루이스가 옳다면 이 타락한 세상의 어떤 대상과 상황은 슬퍼할 만한 가치가 있다. 그러나 우리의 감정은 때로 고장이 난다. 우리는 종종 웃어야 할 때 울고, 울어야 할 때 웃는다. 또한 우리가 뭔가를 느껴야 할 때 아무것도 느끼지 못한다. 수십 년 전 어떤 노래는 "때로는 무엇을 느낄지 모르겠다"는 가사를 담고 있었다.[32] 우리는 모두 이 혼란스러움을 잘 안다. 나는 이 감정을 아내와 함께 느낀다, 그것도 자주. 그녀의 기분과 생각, 그리고 행동의 많은 부분이 예측하기 어려웠기에 난 그녀를 이해하기 쉽지 않았다. 부끄럽지만, 내가 그녀를 진정으로 보살핀 경험이 거의 없다고 느껴지기 때문이다. 우리는 전도서가 말하듯 "태양 아래" 흘러가는 시간 어디 즈음에 살고 있다. 우리는 때를 알아야 한다.

무엇이나 다 정한 때가 있다. 하늘 아래서 벌어지는 무슨 일이나 다 때가 있다. … 울 때가 있으면 웃을 때가 있고 애곡할 때가 있으면 춤출 때가 있다. (전 1:1,4)

행복과 마찬가지로 슬픔에도 때가 있다. 이는 명백하다. 주님의 창조물이 죄악에 빠지는 것은 아직 새 하늘과 새 땅에 이르지 못했기 때문이다.[33] 성경에 나오듯 그곳에 이르기까지 우리는 여전히 나그네와 행인일 뿐이다. 우리가 감정의 지혜로운 관리자가 되려면 시대의 흐름을 알아야 하며, 현재를 알아 이 시대가 우리에게 요구하는 것이 무엇인지 깨달아야 한다.

우리의 슬픔은 신중하고 잔잔해야 한다. 성급하거나 멜로 드라마 같거나 무의미해서는 안 된다. 이는 단순한 감정이 아니라 도덕적이고 영적인 문제다. 감정은 쉽게 잘못을 저지른다. 몇 년 전 야구팀 콜로라도 로키스가 플레이오프 경기에서 탈락한 후 열렬한 한 팬은 이 패배가 "가족의 죽음"과 같다고 말했다. 그 말은 어리석지는 않더라도 조금 한심하다는 인상을 주었다. 영혼이 엉망이 돼 버린 자의 슬픔 같았다. 정작 그녀의 가족들이 그 말을 듣고 어떻게 반응했을지가 궁금했다. 누군가는 너무 적게, 혹은 너무 많이 무언가에 신경 쓴다. '지나치게 감상적이다'라는 말은 주님보다도 다른 무언가에 더 많이 신경을 쓰고 있는 것이라 정의할 수 있겠다. 이것이 맹목적인 숭배의 공공연한 비밀이다.

슬픔은 다양하고 어두운 그늘로 알게 모르게 밀고 들어온다. 여기서 슬픔을 분류하거나 계층을 나눌 수는 없다. 그보다는 종종 오해받는 슬픔의 한 가지 형태, 한탄에 대해 생각해보기로 했다. 한탄이란 무엇일까? 프레드릭 비크너 Frederick Buechner 는

『희망 가득한 생각: 구도자의 ABC』^{Wishful Thinking: A Seeker's ABC}라는 책에서 "주님이 당신을 부르시는 곳은 당신의 기쁨과 세상의 굶주림이 만나는 곳이다"라고 적었다. 이러한 맥락에서 한탄은 우리의 깊은 슬픔이 세상의 깊은 상처와 만나는 곳이다. 이 세상에는 상처가 편만하다. 예수도 자신과 우리의 상처를 견뎌냈다.

많은 이들은 주님이 세상의 혼란에서 손을 떼셨고 악을 용인하신다고 비난했다. 그렇지 않다. 생각해보라. 다른 신에게는 상처가 없다. 십자가의 상처, 거절의 상처, 배신과 굴욕의 상처를 가진 신은 오직 주님뿐이다. 예수 그리스도는 역사 속 어떤 인물보다 더 많은 고통을 겪었기에 우리의 고통을 속속들이 알고 계신다. 그는 우리의 유일한 대사제다. 그는 자신이 저지르지도 않은 죄를 지고 로마의 잔혹한 십자가에 달려 죽음을 맞이하신 분이다.[34] 주님은 우리를 연민하실 뿐만 아니라 우리에게 공감하신다.

모든 상처 중에 가장 깊은 상처는 예수 그리스도의 십자가 처형이었다. 그는 누구보다도 더 큰 고통을 겪었다. 예수의 울부짖음은 모든 슬픔의 절정이었다.

나의 아버지, 나의 아버지, 어찌하여 나를 버리셨나이까? (마 27:46, 시 22:1 참조)

우리의 참회가 궁극적인 의미를 얻는 것은 오직 이 한탄으로 인해서다. 주님의 아들이 죄를 짓지 않고 한탄했다면, 우리도 그럴 수 있다. 게다가 이 고난의 외침은 3일 후에 죽은 자의 부활로 응답받았다. 그리스도는 자신과 우리의 부활을 고대하며 본보기를 보여주셨다.

> 이렇게 많은 증인들이 구름처럼 우리를 둘러싸고 있으니 우리도 온갖 무거운 짐과 우리를 얽어매는 죄를 벗어버리고 우리가 달려야 할 길을 꾸준히 달려갑시다. 그리고 우리의 믿음의 근원이시며 완성자이신 예수만을 바라봅시다. 그분은 장차 누릴 기쁨을 생각하며 부끄러움도 상관하지 않고 십자가의 고통을 견디어내시고 지금은 아버지의 옥좌 오른편에 앉아 계십니다. 죄인들에게서 이렇듯 심한 미움을 받으시고도 참아내신 그분을 생각해 보시오. 그러면 여러분은 지치거나 낙심하는 일이 없을 것입니다. (히 12:1~3)

그리스도인들은 자신들이 목적했던 선함이 방해받거나 파괴되었을 때 한탄한다. 창조는 주님에 의한 것이기에 선한 것으로 여겨졌다.[35] 그러나 인간은 주님과 자기 자신에게, 서로에게, 그리고 창조에 반항하며 살고 있다. 전도서 저자가 말하듯 "세상만사 속절없어 무엇이라 말할 길"[36]이 없다. 니콜라스 월터스토프 Nicholas Wolterstorff 는 『나는 사랑하는 사람을 잃었습니다』Lament for a Son에서 예수는 슬퍼하는 자들이 복되다고 말했음을 상기시킨다.[37] 그들은 통제로부터 벗어나 진실로 선한 것을 찾는 "아픈 선지자들"이었기 때문이다. 그들의 경건한 좌절감은 축복인 셈이다. 언젠가 그 고통은 응답받을 것이다. 월터스토프의 깊은 문장들을 인용한다.

누가 한탄하는가? 한탄하는 이는 신의 새로운 날을 엿볼 수 있는 사람, 그날이 오기 전에 모든 존재로 인해 고통스러워하는 사람, 고통을 직면할 때 눈물 흘리는 사람들이다. 그들은 평화로운 주님의 나라에는 눈먼 사람과 아픈 사람이 없다는 것을 깨달은 사람들이다. 그들은 주님의 나라에는 굶주린 사람이 없고 배고픈 사람이 나타날 때마다 고통스러워한다는 것을 깨달은 사람들이다. 그들은 주님의 나라에서 부당하게 투옥된 이가 없고 누군가 정의롭지 못한 판결을 받은 이가 있다면 슬퍼한다는 사실을 깨달은 사람들이다. 그들은 주님의 나라에서 신을 보지 못하고 아무도 믿지 않는 사람을 볼 때마다 고통스러워한다는 것을 깨달은 사람들이다. 그들은 주님의 나라에서 억압을 겪는 사람이 없고 폭력으로 고통받는 이가 없다는 것을 깨달은 사람들이다. 그들은 주님의 나라에서 존엄성이 없는 사람이 없고, 누군가가 모욕적인 대우를 받는 것을 볼 때마다 고통스럽다는 것을 깨달은 사람들이다. 그들은 주님의 평화 안에는 죽음이나 눈물이 없고, 우는 누군가를 볼 때마다 고통스러움을 느낀다는 사실을 깨달은 사람들이다. 한탄하는 자들은 아픈 몽상가들이다.[38]

우리가 눈물 흘릴 때, 우리는 의미 없는 공허함으로 슬퍼하는 것이 아니다. 우리의 바람 중 대다수가 혼란스럽고 헛되다 힐지라도, 평화를 회복하려는 주님의 선한 바람이 불 것이다. 바울은 동포들의 불신에 괴로워했었다.

나에게는 큰 슬픔이 있습니다. 그리고 마음으로 끊임없이 번민하고 있습니다. 나는 혈육을 같이하는 내 동족을 위해서라면 나 자신이 저주를 받아 그리스도에게서 떨어져 나갈지라도 조금도 한이 없겠습니다. 나의 동족은 이스라엘 사람들입니다. (롬 9:2~4, 10:1 참조)

그러나 바울은 결코 절망에 사로잡히거나 그리스도의 이상을 포기하지 않았다. 심지어 그리스도를 위한 끔찍한 고통을 겪었음에도 종말이 모든 것을 제자리에 돌려놓을 것임을 믿고 나아갔다. 그리고 "주님을 위해서 하는 노력은 결코 헛되지 않다"[39]고 말했다.

한탄은 문학 장르일 뿐만 아니라(예레미야서 22, 39, 88, 90장과 시편을 떠올려 보라) 태양 아래 에덴의 동쪽에 사는 인간에게서 없앨 수 없는 부분이다.[40] 우리가 처한 상황은 좋을 수도, 나쁠 수도 있지만 감정 자체가 사라진 인간이 아니고서야 슬픔을 느끼지 않을 수는 없다. 타락한 사람들은 삶의 고통에 슬퍼하며 종종 폭력으로 자신의 슬픔을 드러내기도 한다. 겉으로든 안으로든 그들은 목소리를 높이며 주먹을 휘두르고 가슴을 치며 눈물을 흘린다.

한 흑인 영가에는 "아무도 내가 겪은 어려움을 모른다. 그러나 예수만은 그것을 아신다"라는 가사가 담겨 있다. 콘트랄토[41] 마리안 앤더슨Marian Anderson의 노래를 기억하라. "그들이 내 주를 십자가에 못 박을 때 당신은 어디에 있었나요?" 영혼을 울리는 블루스가 수천 가지 방법으로 슬픔을 표현한다. 에릭 클랩튼Eric Clapton은 "당신이 내려오고 나가버렸을 때, 아무도 당신을 알지 못했다"고 외쳤다.[42] 듀크 앨링턴Duke Ellington이 자신의 첫 번째 유럽 순회공연에서 〈무드 인디고〉Mood Indigo를 연주했을 때 청중들은 가사 한마디 없이도 곡이 전하는 깊은 슬픔에 공감해 흐느끼고 있었다.

함성과 분노, 환락으로 가득한 헤비메탈조차 종종 슬픔에 젖은 외침으로 인생의 무게를 한탄한다. 메탈리카Metallica의 〈마스터 오브 퍼펫〉Master of Puppets에서 리드 보컬을 맡았던 제임스 헷필드James Hetfield의 목소리는 마약과도 같았다. 그는 거짓을 말하고, 사람들을 노예로 만들며 조종하고, 자신에게 중독된 무리를 끌어당기는 것만 같았다. 어쩌면 이는 전자기기가 울부짖는 슬픔이다. 그곳에는 더 이상 희망이 없다. 밝은 미래가 없는 저항일 뿐이다. 그러나 종종 이 음악에 귀를 기울인다. 시끄럽거나 화가 나 있는, 때로는 심오하기도 한 메탈리카의 음악들을 듣는다. 그들은 온전한 상태에 있던 누군가를 구원이 아니라 타락의 동료

로 삼아버린다. 하지만 그것이 오히려 더욱 달콤한 구원에 이르게 한다.[43]

나는 성경적으로나 철학적으로 슬픔의 의미를 찾고자 했다. 그러나 이제는 그것이 불행과 슬픔, 눈물과 웃음, 애통함과 기쁨이 생생하게 넘실대는 실제 세상에서 무슨 의미가 있는지를 해명해야 한다.[44]

첫째, 성경을 주님이 가장 중요하게 생각하시는 것을 알리는 계시라고 여기는 사람들은 그 책에서 슬픔, 슬픔을 담은 장르를 발견해야 한다. 슬픔과 비탄의 시편을 제외하면 전도서는 이에 대한 가장 풍부한 자료가 될 것이다. 전도서의 저자는 삶의 무가치함을 바라보며 무너지지만, 원치 않았던 슬픔에 절실히 필요했던 교훈이 담겨 있음을 깨닫는다.

> 잔칫집에 가는 것보다 초상집에 가는 것이 좋다. 산 사람은 모름지기 죽는다는 것을 명심할 필요가 있다. 웃는 것보다는 슬퍼하는 것이 좋다. 얼굴에 시름이 서리겠지만 마음은 바로잡힌다. (전 7:2~4)

기쁨도 교훈을 전달하지만, 슬픔에도 슬픔만이 전달할 수 있는 교훈이 담겨 있다. 슬픈 얼굴과 슬픔이 전달하는 교훈을 피하려는 비행 청소년이 되기보다 예민한 학생이 되는 편이 더 낫다. 프란시스 쉐퍼Francis Schaeffer, 20세기 기독교에서 가장 중요한 인물 중 하나인 그는 '슬픈 눈'으로 유명했다. 그는 주님, 진리, 성경, 사람들을 향한 연민을 무시하지 않았다. 누군가 개종했을 때 그는 자신의 축음기로 할렐루야 합창단의 찬양을 크게 틀어놓고 자신의 기쁨을 표현했다. 전도서는 고통받는 아내와 내게 지난 15년 동안 우리 곁에 머물러 있던 슬픔이 왜 필요한지에 대한 답변을 주었다. 슬픔은 지치고 황폐해진 영혼을 위해 지혜를 선사하는 깊은 우물이었다.

둘째, 슬픔은 주님과 이 세상, 그리고 우리 스스로에 대한 깊은 지식을 필요로 한다. 주님께서 아파하시는 곳에서 우리도 함께 아파해야 한다는 말을 종종 듣는다. 우리는 "기뻐하는 사람이 있으면 함께 기뻐해 주고 우는 사람이 있으면 함께 울어"[45]야 한다. 누군가의 슬픔을 나누는 일은 흔하지 않다. 그것은 자신의 자아를 희생하여 다른 이의 영혼과 주님을 돕는 일이기 때문이다. 누군가 질병으로 고통받는 이들을 돌보는 목회자라면 이 공감과 연민의 기술을 익혀야 한다. 우리 모두는 인생이라는 호스피스 병동에서 일하는 목회자들이다.

우리가 느끼는 바를 현실에 적용하기 위해서는 주님의 음성과 성경에 귀 기울여야 한다.[46] 주님의 성령을 슬프게 해서는 안 된다.[47] 결국 우리는 무엇이 성령을 근심하게 하는지 깨달아야 하고, 성령과 함께 슬퍼해야 하는 것이다.

셋째, 우리의 슬픔과 희망은 주님의 지식 안에서 의미를 발견할 수 있다. 또한 우리는 주님의 방법에 대한 우리의 무지 안에서 평안을 찾을 수 있다. 인간은 때론 유한하며 타락한 존재다. 우리가 이해할 수 있는 바는 한계가 있음을 기억해야 한다. 욥은 하나님이 왜 악마에게 자신을 괴롭히게 하셨는지에 대한 정확한 답을 얻지 못했다. 오히려 주님은 자신의 위대함과 권능함을 내보이시며 자신을 믿으라고 욥에게 말씀하셨다.[48] 그렇다고 성경이 지식을 포기하라고 충고하는 건 아니다. 주님은 분명 당신과 함께 "시비를 가리자"고 말씀하신다.[49] 그분은 우리가 갖는 희망에 대한 이유를 주기 원하신다.[50] 전지전능하신 주님의 방법이 우리에게 불가사의하다고 여겨지는 것은 당연하다.

그러나 주님의 알 수 없는 여러 길(깊고 어두우며 무겁고 불가해한 주님의 뜻)은 부조리하거나 무의미하지는 않다. 우리가 볼 때 그 의미가 분명한 것은 아니지만, 주님은 "주님을 사랑하는 사람들 곧 주님의 계획에 따라 부르심을 받은 사람들에게는 모든 일이 서로 작용해서 좋은 결과를 이룬다"고 약속하셨다. 그 의미의 상당수가 지금 우리에게는 먼 이야기처럼 보일지 모르나 그것은 분명 소중한 의미를 지니고 있다.

넷째, 성경에 적힌 슬픔은 불평이 아니며 이기적이고 참을성 없고 무의미하지 않다. 이스라엘의 자녀들은 주님이 약속하신 대로 자신들이 순례할 여정을 걷게 되었을 때조차 불평했다. 바울은 "무슨 일을 하든지 불평을 하거나 다투지" 말라고 말한다.[51] 투덜거리는 것과 슬퍼하는 것의 구별은 쉽지 않지만 성경은 슬픔에 대해서는 관대하고 불평은 금하고 있다. 둘 사이에는 분명한 차이가 존재한다. 이사야는 한탄이 필요하다고 말했다.

> 그날 주 만군의 야훼께서 너를 불러 통곡하며 애곡하며 머리털을
> 뜯으며 베옷을 입으라고 하시지 않았느냐? (사 22:12)

마지막으로 우리는 주님이 침묵하고 계시며, 멀리 계시다고
느낄 때 한탄한다. 우리는 주님 얼굴 앞에서 슬퍼하지만, 주님을
멀리 있는 것처럼 느낀다. C. S. 루이스는 이 목소리를 『스쿠르테
이프의 편지』The Screwtape Letters의 악마의 음성으로 들려준다. 나는
그의 저술이 이 상황을 제대로 표현했다고 생각한다.

> 그러니 웜우드, 속지 말거라. 인간이 원수(주님)의 뜻을 따르고 싶
> 은 갈망을 잃었더라도 그렇게 하겠다는 의도를 여전히 가지고 있다
> 면, 세상을 아무리 둘러보아도 원수의 흔적조차 찾을 수 없는 것
> 같고 왜 그가 자기를 버렸는지 계속 의문이 생기는데도 여전히 순
> 종한다면, 그때보다 더 우리의 대의가 위협받을 때는 없다.[52]

주님이 얼마나 멀리 계신지, 내 상황은 얼마나 더 힘들어질
지, 내가 얼마만큼 주님에게 화가 날 수 있는지 알 수 없다. 그러
나 항상 그렇지만은 않을 것이다. 주님은 좋을 때와 나쁠 때를
주신다. 우리가 우리의 주인이자 역사와 영원의 주인이 예수라
는 사실을 깨달으면, 주님께서 우리에게 주시는 사랑으로 "모든

것을 믿고 모든 것을 바라고 모든 것을 견디어"낼 것이다.[53] 언젠가 우리는 승리할 것이다.

그러니 이제 무슨 말을 더 하겠습니까? 아버지께서 우리 편이 되셨으니 누가 감히 우리와 맞서겠습니까? (롬 8:31)

그런데 우리는 얼마나 깊게, 그리고 자주 이 기쁨을 경험하는가?

몇몇 기독교 작가들(그리고 현자들)은 주님을 기뻐하고 그의 약속과 예수의 피로 기록된 그의 사랑에 대해 확신하라고 말한다.[54] 그렇다. 하지만 감정적으로 도움 되는 건 거의 없다. 나는 진실을 알고 있다. 나의 구세주는 참되시고 성령은 나를 인도하신다. 그러나 실상 나는 기뻐하는 대신 더 많이 참고 견디어야 한다. 지금보다 다가올 날들은 더 나을 것이다. 주님은 슬퍼하고 통곡하는 자들을 일으켜 세우실 것이다.

슬퍼하는 사람은 행복하다. 그들은 위로를 받을 것이다. (마 5:4)

성경은 슬퍼하라고 말하지만 "믿고 있으며 또 말할 수 없는 영광스러운 기쁨으로 넘쳐 있다"라는 구절처럼 기뻐하라는 명령으로 더 잘 알려져 있다. 나는 많은 것에서 의미와 행복을 발견하지만 기쁨에 대한 전문가는 아니다. 그러나 "천상의 것들을 추구"하고[55], 주님의 능력과 선하심을 기억하기 위해 노력할 수는 있다. 성경을 암송하는 일은 큰 위안이 된다.[56] 종종 나 자신에게 반복해 말한다.

나의 구원이 그분에게서 오니,

내 영혼은 오직 아버지 품에서 안온하구나.

그분 홀로 나의 바위, 나의 구원이시며 나의 요새이시니

나는 흔들리지 아니하리라. (시 62:1~2)

우리는 어떤 상황에 처하더라도 우리 자신을 바로 세우기 위해 성경으로 돌아와야 한다. 성경이 진리만을 말한다는 사실은 그 자체가 우리에게는 큰 위안이 된다.

삼위일체이신 우리의 주님은 마지막 날에 모든 우주를 심판하고 부활시키실 것이다.[57] 우리는 우리 믿음의 뿌리를 내리고 희망을 향해 나아간다. 은총이 우리를 기다린다. 우리 가운데 사셨던 주님의 어린 양은 구원을 이루시려는 주님의 뜻에 따라 상처입고 고통받았다. 주님은 우리에게 눈물을 거두시기 전 모든 것을 기억하신다.[58] 한탄을 배우는 일은 태양 아래 사는 우리의 운명이다.

에피소드

예측하기 어려운 소리

몇 해 전부터 귀가 예민해졌다. 그렇다고 이명을 겪거나 아예 소리를 못 듣는 건 아니다. 청력에는 이상이 없지만, 나는 고통과 혼란, 분노의 소리를 듣는다.

아내가 육체적으로, 감정적으로 더 나빠지면서 나는 우리 집의 여러 소리에 대해 예민하게 받아들였다. 우리 집 바닥은 매우 얇다. 그러다 보니 바닥을 통해 소리가 쉽게 울려 퍼진다. 조금이라도 소리가 울리면 하던 일을 곧장 멈춘다.

'이건 울음소린가? 아니면 도움을 요청하는 아내의 목소린가? 그것도 아니라면 간병인이 잠자리에 들기 전 침구를 정리하

는 소리인가?'

귀를 기울여 소리의 정체를 알아내기 위해 애쓴다. 무슨 일이 일어나든 대처할 준비가 되어있음에도 불구하고 예상치 못한 상황이 벌어지곤 한다. 나의 좌절감을 알기라도 한 듯, 가끔은 반려견 써니가 아내보다 앞서 달려와 내 무릎 위로 뛰어든다. 아내가 오고 있으니 준비하라는 일종의 신호다.

이 글을 쓰는 중에도 알 수 없는 소리가 들린다. 그리고 생각한다.

'그녀가 내 앞에 조용하고도 애처롭게 나타나 내게 확신, 희망, 평화와 같은 것을 달라고 쳐다보면 어떡하지? 그땐 내가 해줄 수 있는 게 있을까?'

그 잠깐의 찰나에 고민이 꼬리에 꼬리를 물고 이어진다. 나도 처음에는 아내가 인기척 없이 불쑥 나타나거나 슬픈 표정으로 내게 다가올 때 깜짝 놀라곤 했다. 하지만 이제는 그렇게 놀라는 경우가 이전보다 훨씬 더 잦아졌다는 사실에 더 큰 슬픔을 느낀다.

그토록 좋아하던 헤드폰은 벗어던졌다. 그리고 음악 소리 대신 아내의 소리에 귀를 기울인다. 아내가 내는 소리, 아내를 집어삼켜버린 병이 내지르는 그 소리를 따라 오늘도 발걸음을 옮겨본다.

8

탄식 속의
기쁨

고통은 여러 얼굴을 하고 찾아온다. 누구도 다른 사람의 불행한 내면에 들어가 볼 수 없다.[59] 그러나 우리는 거기서 멈추지 않고 고난을 함께 나누며 같이 아파하기도 한다. 우리는 질병으로 아파하는 다른 이를 통해 견디는 법을 배운다.[60] 다른 이의 실수를 통해 오류를 피할 수도 있다.[61] 우리에게는 삼갈만한 악의 모델, 그리고 따를만한 미덕의 모델이 필요하다. 바울은 구약성경에 대해 이렇게 말했다.

성경 말씀은 모두 우리에게 교훈을 주려고 기록된 것입니다. 그래서 우리는 성경에서 인내를 배우고 격려를 받아서 희망을 가지게

됩니다. (롬 15:4)

나는 이 세상에서 가장 행복한 남자 한 명을 안다. 그는 첨단 기술이 집약된, 고가의 휠체어를 타고 다닌다. 그는 30년 넘게 혼자 걸은 적이 없고 일어나서 씻고 잠자리에 든 적이 없다. 그는 항상 다른 이의 도움을 필요로 했다. 결국 그는 자신을 위해 일해줄 여러 남성 보조원을 고용했고 이 행복한 남자는 그들과 친구가 되고 영적 스승이 됐다. 이 남자의 이름은 스튜어트 스미스^Stuart Smith, 내 오랜 친구다.

그를 1979년에 처음 만났다. 그가 유진에 있는 오리건대학교를 갓 졸업한 때였다. 스튜어트는 오차드 공동체 교회라는 작은 교회의 목사가 됐다. 그 교회에 다니면서 스튜어트를 더 자주 만날 수 있었다. 그러면서 그가 쉬는 시간에 걷는 것을 도왔다. 의자에서 그를 들어 올린 다음 그가 용감하게 다리를 휘둘러 바닥에 내려놓을 때 그를 지탱해 주었다. 그는 희귀 근육 퇴행성 질환을 앓고 있었음에도 불구하고 겸손하고 온화하며 사랑이 넘쳤다.

5년 동안 스튜어트가 목회하는 교회를 다녔다. 그는 강단에서나 일상에서나 유능한 교사였다. 수년간 편집자로 일하기도 했기에 내 박사 학위 논문을 도왔지만 이상하게도 베키와는 잘 맞지 않았다.

스튜어트가 화난 모습을 딱 한 번 봤다. 이혼에 관한 본문을 두고 설교를 하던 때였다. 당시 설교하는 그 앞에는 이혼한 사람이 여럿 앉아있었다. 그는 악의 없이, 그렇다고 돌려 말하지도 않으면서 말라기 2장 16절의 내용을 읽었다.

> 나는 이혼하는 것을 미워한다. 주 이스라엘의 아버지께서 말한다. 아내를 학대하는 것도 나는 미워한다. 나 만군의 주가 말한다. 그러므로 너희는 명심하여, 아내를 배신하지 말아라. (말 2:16)

예수도 저렇게 화가 난 적이 있었다.[62]

이후 내 친구의 건강은 더 악화됐다. 이제 그에게는 육체적인 힘이 거의 남아 있지 않았다. 그러나 정신은 여전히 날카롭고 마음은 따듯했다. 그는 자신의 병을 낫게 해달라고 주님께 기도했지만, 주님은 그 기도를 들어주지 않으셨다. 스튜어트와 같은 상황에 처해있는 많은 이들은 지금 스튜어트의 나이가 되기도 전에 죽는다. 질병으로 인해 쇠약해지는 사람들의 영혼은 풀이 죽고, 모든 것에 짜증과 화를 낸다.

스튜어트도 점점 더 굳어가는 자신의 몸 때문에 신체적 고통 그 이상의 고통을 겪었다(가정에 위기가 닥쳤을 때 스튜어트는 몇 주 동안 울고만 있었다). 스튜어트는 속 편한 낙관주의자가 아니었다. 내가 그에게 내 고통에 대해 털어놓았을 때 그는 쉬운 답을 주지 않았다. 대신 내 마음에 공감해 주고, 깊은 조언을 건네며, 자신의 일처럼 받아들였다. 그리고 나를 위해 기도했다. 나 역시 그를 위해 기도했다.

그는 꾸준히 공부하고 글을 쓴다. 나는 최근 그의 책『죄를 멀리하고, 주님을 위해 살아라』^{Dead to Sin, Alive to God}를 읽었다. 그 책은 인생에 대한 심오한 통찰을 담고 있었다.[63]

타이핑을 할 수 없고 책장을 넘기거나 선반의 책조차 꺼내지 못하게 되었을 때, 그가 책을 쓴다는 것 자체가 놀라운 일이었고 감동스러운 사건이었으며 격려받아야 할 일이었다.

스튜어트는 나보다 훨씬 더 씩씩하다고 말해야겠다. 그는 우울해하지 않는다. 나는 때로 우울한 기운에 휩싸여 앓을 때가 있다. 하지만 스튜어트는 모든 기쁨과 힘을 주님께 바친다. 그는 신실한 신자로서 거룩하게 살며 성경에서 깊은 통찰을 얻는다. 자기 내면의 어둡고 깊은 구덩이가 어떤 모습을 하고 있는지를 안다. 그러나 그곳에 오래 머물지 않는다. 그는 다윗처럼 말했다.

주님께서 나를 멸망의 구덩이에서 건져 주시고,

진흙탕에서 나를 건져 주셨네.

내가 반석을 딛고 서게 해주시고 내 걸음을 안전하게 해주셨네.

(시 40:2)

스튜어트는 예수 그리스도를 통해 약한 몸으로도 반석을 딛고 서 있다. 나는 그를 보며 슬픔 속에서도 굳건히 서는 법을 배운다.

지금, 아직 Now, Not Yet

더글라스 그로타이스

어떤 표시라도 필요한

빈 벽.

하늘빛을 꿈꾸는

어두운 천장.

창문이 필요한

단단한 벽.

쓰레기통 바닥에 맞서는

으스러진 장미.

둥글게,

둥글게, 둥글게

걷는다.

숨이 가빠오는 오르막에서 (절망적으로 희망을 바라며)

기다린다.

인생이라는 호스피스 병동에서

사멸하지 않으리라 약속된 기쁨을

나는 기다린다.

9

모세와
우리의 슬픔

모세는 단 하나의 시편을 남겼다. 그는 입법자이자 예언자였으며 주님의 백성을 이집트에서 탈출시킨 사람이다. 주님이 살아계심을 보았지만 어리석은 분노로 약속의 땅에는 들어가지 못했다. 모세는 깊은 감정과 통찰력을 가진 인물이었다. 그는 이스라엘의 주님께 한탄하는 법을 알고 있었다. 시편의 저자는 "모세에게 당신의 뜻을 밝혀주시고 이스라엘 자손에게 그 장한 일을 알리셨다"고 말한다.[64]

주님의 사람 모세는 우리가 자주 고민하는 그 일, 주님 앞에서 어떻게 슬퍼해야 하는지를 가르쳐주기 위해 시편을 썼다. 나는 이 시편을 가지고 여러 번 설교했으며, 읽을 때마다 시에 담긴 정직함, 희망, 지혜와 대담함에 감명받았다. 내가 아내와 함께 지나는 이 황혼길에는 시편 90편이 늘 함께였다.

시편에는 인간의 모든 감정을 표현하는 기도들이 담겨 있는데, 이는 인간 삶에 담긴 모든 측면을 아우른다. 시편 90편은 모세의 영웅적 삶을 시로 풀어낸 것이다.

주여, 당신은 대대손손 우리의 피난처,

산들이 생기기 전, 땅과 세상이 태어나기 전,

한 옛날부터 영원히 당신은 아버지 (시 90:1-2)

우리에게 어떤 일이 생기든, 우리가 무엇을 느끼든 우리는 주님의 세계에 머문다는 사실을 알 수 있다. 우리가 그의 집에 거한다는 사실 말이다. 인류의 모든 세대는 이 거룩한 울타리를 함께 느껴왔다. 주님은 우주를 창조하시기 전부터 영원한 존재였고, "영원부터 영원까지" 존재하실 것이다. 오랜 시간 한 자리에 우뚝 서 있는 산들도 창조주보다 오래되지는 않았다. 모세의 목소리로 울려 퍼지는 말은 이 진실에 뿌리내리고 있다. 우리는 신의 피조물이며 어떤 방향으로든 그와 함께 살고 있다.

난 우리를 스쳐 간 수많은 간병인들, 해결되지 않는 일들, 잘못된 일들에 대한 걱정과 자책에 너무 얽매이느라 시편 90편 1~2절에 담긴 진리를 잊곤 했다. 주님은 창조주로서 우리가 자신의 품에 거하도록 온 세상과 인간을 지으셨다. 우리는 티끌 같

은 존재일 뿐이다. 우리가 주님 안에 살고 있다 하더라고 창조주
와 피조물 사이에는 거스를 수 없는 거리가 존재한다.

> 사람을 먼지로 돌아가게 하시며 "사람아, 돌아가라" 하시오니
> 당신 앞에서는 천 년도 하루와 같아,
> 지나간 어제 같고 깨어 있는 밤과 같사오니 (시 90:3~4)

주님의 집에 거하는 자들은 그의 명령이면 티끌로 돌아갈 먼
지 같은 존재다. 우리는 주님의 명령에 의해 존재하고, 명령에 따
라 사라진다. 어느 시점이 오면 우리는 생기를 잃고 우리 삶의
덧없음을 느낀다. 아내와 내가 결혼했을 때 우리가 소유한 것들
과 우리의 건강이 영원하지는 못할 것이라는 사실을 되새기고
있었다. 그때 우리는 한창때였다. 우리에게는 티끌을 연상시키는
어떤 것도 남아있지 않았고, 죽음은 우리의 반짝이는 눈과는 어
울리지 않는 단어 같았다. 그러나 전도서의 저자가 말하듯 "누
구든 때가 되어 불행이 덮쳐오면 당하고 만다".[65]

우리의 시간 개념으로 볼 때 영원토록 존재하는 주님 앞에
서 우리는 하루살이와 같다. 주님에게 천년의 시간은 3~4시간
에 불과한 '어제', '하룻밤'에 불과하다. 주님은 "태곳적부터 계시
는" 분이다.[66] 우리의 날들은 세어지고 정해진다. 파스칼은 이런
비유를 들어 잠든 영혼을 깨우려 한다.

사형 선고를 받고 사슬에 묶인 이들을 상상해보라. 그들 중 일부는 다른 사람들 앞에서 살해당했다. 남은 사람들은 동료들의 상태로 자신들의 상태를 보고, 슬픔과 절망으로 서로를 바라보며 자신의 차례를 기다린다. 이것이 인간이 처한 상황을 드러내는 이미지다.[67]

아툴 가완디Atul Gawande는 자신의 책, 『어떻게 죽을 것인가』Being Mortal에서 의술을 훈련받는 의사들을 관찰한다. 그들 역시 환자의 죽음을 다루는 훈련을 받거나 기술을 전수받지 못했기에 죽어가는 환자는 의사에게 실패나 마찬가지다.[68] 그러나 그는 삶이 단순히 남아있는 날들에 국한되지 않는다고 말한다. 삶에는 그 이상이 있다.

치매나 끔찍한 질병에 시달려 본 사람들은 어둡고 탁한 날들이 빙하처럼 천천히 움직인다고 느낀다. 하루하루는 끝나지 않을 영원과 같고, 걱정거리가 없는 태곳적의 시간이 가까워오는 것만 같다. 그러나 그들이 죽음을 바란다고 해서 그들을 비난할 수는 없다. 자살은 결코 선택사항이 되어서는 안 되지만, 마음과 정신이 무너져 괴로운 나날들이 이어진다면 죽음을 갈망하는 그들을 비난할 수 있을까? 모세도 스스로 죽기를 바랐다. 주님이 택한 백성을 이끄는 일은 너무도 무거운 짐이었다.

저 혼자서는 도저히 이 모든 백성을 짊어질 수 없습니다. 저에게는 너무 무겁습니다. 주님께서 저에게 정말로 이렇게 하셔야 하겠

다면, 그리고 제가 주님의 눈 밖에 나지 않았다면, 제발 저를 죽이
셔서, 제가 이 곤경을 당하지 않게 해주십시오. (민 11:14~15)

주님은 그의 신실한 기도를 듣고 자신의 백성을 이끌 힘을
주셨다. 그러나 시편 90편에서 모세는 한탄하는 법을 알고 있으
면서도 슬퍼하지 않았다. 이어지는 구절은 우리가 티끌 같은 존
재임을 떠올리게 한다.

당신께서 휩쓸어가시면 인생은 한바탕 꿈이요,
아침에 돋아나는 풀잎이옵니다.
아침에는 싱싱하게 피었다가도
저녁이면 시들어 마르는 풀잎이옵니다. (시 90:5~6)

주님의 집에 거하는 이들도 죽음에 대해 안도할 수는 없다.
그들도 결국 삶을 마감하게 될 것이다. 그들은 새로운 약속과 함
께 나타나고 어두운 죽음과 함께 먼지처럼 사그라질 것이다. 치
매는 아내의 경우처럼 더 극적인 비극을 선사한다. 글쓰기와 편
집 그리고 강연을 통해 똑똑함과 탁월함을 드러냈던 한 사람이
자, 젊었을 때 찬란하게 돋아나 꽃을 피웠던 한 사람이 이제 서
서히 시들어간다. 모세도 이 비극을 이해했을 것이다. 가련한 우
리들에게 이 비극은 더 극적일 수밖에.

훗김을 한번 뿜으시면 우리는 없어져버리고

노기를 한번 띠시면 우리는 소스라칩니다.

우리의 잘못을 당신 앞에 놓으시니

우리의 숨은 죄 당신 앞에 낱낱이 드러납니다. (시 90:7~8)

주님의 법은 인간의 법과 충돌한다. 주님은 자신 앞에서 악행을 저지른 백성들에게 화가 나셨다. 자신 앞에서 악행을 저질렀기 때문이다. 주님과 자신의 양심을 따르는 이들에게 주님의 분노는 매우 당황스러워 보인다. 우리가 다른 이들에게 숨겨왔던 죄가 주님 앞에서는 낱낱이 드러난다. 가둬두고 덮어뒀던 행위들은 주님에 의해 수면 위로 떠오른다. 권력자는 법적으로 봉인한 중요 문서들을 어두컴컴한 장소에 감춰뒀겠지만, 주님은 자신이 원하는 때에 모든 봉인을 풀어버리신다. 인간의 애절한 노력은 티끌 같은 존재의 몸부림일 뿐이다.

모세는 유한한 인간과 견주어 주님을 창조주이자 영원토록 존재하는 분으로 부른다. 그는 인류와 주님의 차이를 선명하게 드러냈다. 그는 시편에서 인간이 저지른 죄에 대해 말한다. 창세기를 쓴 모세는 남자와 여자가 뱀의 유혹에 굴복해 주님을 배반했기 때문에 에덴에서 추방되었음을 알고 있었다.[69] 파라오의 사악함과 이스라엘 백성의 어리석음에 직면한 모세는 자신의 삶에 비추어, 입에 담지 못할 죄를 저지르고 용서를 청한 다윗의 기도에 동의할 것이다.

죄 내가 알고 있사오며 내 잘못 항상 눈앞에 아른거립니다.

당신께, 오로지 당신께만 죄를 얻은 몸,

당신 눈에 거슬리는 일을 한 이 몸,

벌을 내리신들 할 말이 있으리이까?

당신께서 내리신 선고 천번 만번 옳사옵니다.

이 몸은 죄 중에 태어났고,

모태에 있을 때부터 이미 죄인이었습니다. (시 51:3~5)

나는 내가 의도치 않았던 이 슬픔의 길을 걸으며 종종 비틀거렸고, 분노와 두려움으로 갈피를 잡지 못했다. 아내의 비극에 내가 어떻게 반응했었는지 누구에게도 모든 이야기를 말하지는 않을 것이다. 그러나 주님은 모든 걸 알고 계시고, 내가 티끌이라는 사실 또한 아신다.

주님께서는 우리가 어떻게 창조되었음을 알고 계시기 때문이며,

우리가 한갓 티끌임을 알고 계시기 때문이다. (시 103:14)

모세는 계속해서 한탄한다. 그는 우리의 울부짖는 목소리를 모른 체하지 않으실 것이다.

당신 진노의 열기에 우리의 일생은 사그라지고

우리의 세월은 한숨처럼 스러지고 맙니다.

인생은 기껏해야 칠십 년, 근력이 좋아야 팔십 년,

그나마 거의가 고생과 슬픔에 젖은 것,

날아가듯 덧없이 사라지고 맙니다.

누가 당신 분노의 힘을 알 수 있으며,

당신 노기의 그 두려움을 알겠습니까? (시 90:9~11)

모세는 주님의 은총 어린 약속과 그가 백성에게 베푸신 능력을 알고 있었다. 그러나 그는 아직 주님의 진노가 주님의 전부는 아님을 깨닫지 못했다.

나의 아버지는 공정한 재판관,

언제라도 악인을 심판하시는 아버지이시다. (시 7:11)

모세는 이집트와 이스라엘 백성에 대한 주님의 심판을 이해했으나 심판의 깊이를 헤아리지 못했다. 아브라함도, 다윗도, 유한한 어떤 인간도 이를 헤아리지는 못했다.

70세부터 80세까지(모세는 120세까지 살았다) 평온한 나날들을 보냈지만 모세는 삶의 덧없음, 만족하지 못함, 끝없이 이어지는 노동과 슬픔의 병에서 헤어나오지 못했다. 주님의 사람 모세는 우울했다.

평균 예상 수명은 때와 장소에 따라 다르지만 내 수명은 70세 전후 10년으로 예상된다. 아내는 그보다 더 길게 살 것이다.

비범한 기자이자 무신론자, 다작의 작가이자 저명한 평론가, 토론자인 크리스토퍼 히친스$^{Christopher\ Hitchens}$가 자신의 책 『신 없이 어떻게 죽을 것인가?』^{Mortality}에 쓴 것과는 달리[70], 나는 내세에 대한 희망 없이는 책을 쓸 수 없었다. 우리는 희망을 품을 수밖에 없는 존재다. 우리는 결승선이자 영원한 행복에 다다르는 문으로 우리 자신을 이끄는 존재다.[71]

하지만 주님의 분노와 노여움은 어떨까? 그것은 우리를 낙심하게 하거나 두렵게 하는 게 아닌가? 모세는 기도에서 주님을 부르짖으며 호소한다. 그는 침묵하거나 뒷걸음치지 않는다. 우리는 구세주의 이름을 알지만 얼마나 사악한 모습들을 품고 있는가? 예수 그리스도가 죄를 대속하는 속죄 제물이 되었을 때 죄를 향한 주님의 분노가 어떤 것인지 우리는 경험했다.

> 우리를 위해서 주님께서는 죄를 모르시는 그리스도를 죄 있는 분으로 여기셨습니다. 그래서 우리는 그리스도로 말미암아 아버지께로부터 무죄 선언을 받게 되었습니다. (고전 5:21)

아내와 나는 거룩한 주님의 형상으로 지어졌다. 그러나 우리는 죄인이고 예수 그리스도의 십자가로 인해 구원받았다. 이러한 상황을 허락하신 주님의 뜻을 이해할 수 없다면, 우리는 이미 우리가 받은, 우리가 간절히 필요로 한 그 용서에 대해 생각해 보아야 한다. 모세는 자신이 그토록 절절하게 묘사한 고난의 관점에서 주님께 간청하지 않는다.

우리에게 날수를 제대로 헤아릴 줄 알게 하시고
우리의 마음이 지혜에 이르게 하소서. (시 90:12)

주님의 집에 거하는 우리는 살날이 정해져 있는 슬픈 운명을 산다. 하지만 항상 이 사실을 기억하는 건 아니다. 많은 이들은 자신이 불멸의 존재인 듯 생각하며 살아간다.

불치병과 치매는 그들의 강고한 착각을 무너뜨린다. 원발성 진행성 실어증은 불치병이며 남아있는 날들이 얼마인지 예상하지 못하게 한다. 환자와 가족은 애가 탄다. 시한폭탄의 시계는 가고 있는데, 우리는 그 시계 소리를 들을 수 없다. 다른 이유가 아니라면, 결국 그녀의 뇌가 그녀의 몸에 삶을 중단하라고 말할 것이다. 그녀는 서서히 죽어가고 있다. 이런 일이 일어나기 전까지만 해도 아내는 자신의 시간을 알차게 사용해왔다. 죄 많은 세상에 그녀는 아름다운 흔적을 남겼다.

수십 년 동안 시편 90편 12절을 생각해왔다. 이 구절은 분명하게, 나이든 미물인 나에게 더 깊숙이 다가와 박힌다. 나는 아내를 돌보아야 하기 때문에 아내보다 더 살 수 있기를 주님께 간청한다. 그렇다고 내 다른 소명들을 포기한 건 아니다. 12절은 내게 무슨 일이 있더라도 『기독교 변증』을 완성하라고 말한다. 바울의 말이 떠오른다.

그리고 아르킵보에게는 그리스도인으로서 받은 사명을 완수하라 고 일러주십시오. (골 4:17)

잘 훈련된 그리스도인의 신앙은 시간이 흘러가는 것을 두려 워하며 서두르는 불안함과는 양립하지 않는다. 그러나 선생님이 자 설교자, 작가인 내게는 시급한 과제가 하나 있다. 아내와 나 는 휴가기간을 책을 집필하기 위한 연구와 자료 정리를 위한 시 간으로 보내왔다. 나는 가능한 한 강연을 많이 했다. 우리는 의 미를 쫓는 사람들이니까. 똑똑했던 아내의 글쓰기와 강연은 이 제 끝이 났다. 그러나 나는 아직 끝나지 않았다고 생각한다. 바 울의 말에 다시 용기를 얻는다.

그러므로 내 사랑하는 교우 여러분, 여러분은 내가 함께 있을 때 에도 언제나 순종하였거니 그 때뿐만 아니라 떨어져 있는 지금 에 와서는 더욱 순종하여 두렵고 떨리는 마음으로 여러분 자신의 구원을 위해서 힘쓰십시오. 여러분 안에 계셔서 여러분에게 당신 의 뜻에 맞는 일을 하고자 하는 마음을 일으켜주시고 그 일을 할 힘을 주시는 분은 아버지이십니다. (빌 2:12~13)

모세는 자신의 상처 입은 마음을 주님께 내보이고 자신에게 축복을 허락해 달라고 간청한다.

야훼여, 돌이키소서. 언제까지 노하시렵니까?

당신의 종들을 불쌍히 여기소서. (시 90:13)

모세가 묘사한 고난에 비추어 보면 그가 주님께 간구하는 축복은 그만큼 몹시 간절하다. "귀환"이라고 번역된 단어는 '회개'에 가깝다. 모세는 자신과 우리에게 거하는 주님께 마침내 자신의 종들에게 슬픔을 명백한 방법으로 드러내 보여달라고 촉구한다. 시편은 종종 주님께 "언제까지 나를 외면하시렵니까?"라고 외친다.[72]

내 영혼은 이를 어떻게 느끼는가? 나는 안정을 바라다 지쳐버렸다. 오랜 시간 아내를 치유해달라고 기도와 금식을 하고, 성경을 읽으며 주님을 찾았다. 하지만 나는, 이제 포기했다. 허망한 모든 시도를 멈추었으나 내 울부짖음은 멈추지 않는다. 주님이 축복하실 때까지, 그가 나를 측은히 여기시는 게 확실해질 때까지 "언제까지 나를 외면하시렵니까?"라고 묻는다. 나는 모세와 함께 애원한다.

동틀녘에 당신의 사랑으로 한껏 배불러

평생토록 기뻐 뛰며 노래하게 하소서.

우리가 고생한 그 날수만큼,

어려움을 당한 그 햇수만큼 즐거움을 누리게 하소서. (시 90:14~15)

2008년, 이 구절을 두고 진지하게 기도하기 시작했다. 아내가 병을 확진 받기 전이었다. 그때 나는 아내의 질병과 다른 일들로 충분히 고통스럽다고 주님께 말했다. 고통은 전혀 가볍지 않았다. 우리에겐 기쁨이 필요했다. 나는 주님께 당신이 주신 고통스러웠던 "그 날수"와 우리가 겪은 불행에 비추어 10년 혹은 15년 동안의 기쁨을 요구했다. 꽤 합당한 요청이라 생각했고, 나는 꽤 진지했다. 시편 90편을 암송하고 이 시편을 가지고 반복적으로 기도하며, 의미 있는 방향으로 삶을 살아갔다. 글을 썼고 강연했으며 설교했다. 그러나 아내의 아픈 몸에 대한 걱정은 사라지지 않았다. 오히려 악화됐다. 아내가 치매를 진단받았을 때 나는 기도를 멈췄다. 우리에게 찾아온 괴로움과 불행에 대한 보상은 주어지지 않을 것이라 생각했다.

우리는 욥기 말미에서 고통받던 욥이 "여생에 전날보다 더한 복을 내려주셨다"는 구절과 만난다. 어쩌면 나도 그렇게 될지도 모른다. 그러나 기적이 일어나지 않는 한 아내에게 그런 일은 있을 수 없다. 우리는 우리에게 다가오는 세상에게 희망을 넘겨주어야 한다. 영광스러운 미래는 지금 우리가 겪는 이 고통을 아주 작아 보이게 만들 것이다. 찬양 〈어메이징 그레이스〉^Amazing Grace 는 이를 요약한다.

거기서 우리 영원히
주님의 은혜로

해처럼 밝게 살면서
주 찬양하리라[73)

거기서 우리는 끝없는 휴식에 기뻐할 것이다. 응답 없는 기도와 고통은 영원한 축복의 빛 속에 사라질 것이다. 찬양은 계속 울려 퍼지리라. 모세의 시편은 애절한 간청으로 끝난다.

당신의 종들에게 당신께서 이루신 일들을,
또 그 후손들에게 당신의 영광을 드러내소서.
주, 우리 아버지, 우리를 어여삐 여기시어
우리 손이 하는 일 잘되게 하소서.
우리 손이 하는 일 잘되게 하소서. (시 90:16~17)

주님의 신실한 종 모세는 주님의 종과 자녀 모두가 지상에서 펼쳐지는 주님의 장엄한 활동을 목격하기를 바란다. "우리 손이 하는 일"이 순조롭게 이루어지도록 주님의 은총을 소망한다. 그 일은 영원하신 주님의 은총과 사랑으로 확고해질 것이다.

주님의 승인과 은총 없이는 모두 육신의 일이며 성령 없는 재능에 불과하다. 그러나 그분의 승인과 은총이 있다면 내가 먼지에 휩싸이고 쇠퇴의 바람과 마주한다 할지라도 주님은 나와 아내를 인도하실 것이다.

아내의 얼굴을 보고 있자면, 그녀가 행복하든 슬프든 무언가 사라지고 있음을 발견한다. 받아들이기 어렵지만 아내의 질병을 낫게 할 방법이 세상에 없다는 걸 안다. 하지만 나는 주님께서 자신의 자녀에게 허락하신 은총을 거둬가지 않으시리라는 사실 또한 안다. 우리는 손 쓸 수 없는 황혼을 지나 밤을 향해 걸어가는 중이다. 그곳에도 주님은 함께 하신다.

에피소드

빨간 책

아내는 다른 일보다도 글쓰기와 편집에서 두각을 나타냈다. 그녀는 허투루 시간을 쓰는 법이 없었으며 자신의 신앙과 신앙에 따르는 의무를 잊지 않았다. 그녀 자신도 글쓰기와 편집 작업이 자신의 강점이라 여겼고, 이를 통해 세상에 기여한다고 생각했다. 음악에도 재능이 있었지만 음악이 그녀에게 의미 있는 일이 되기에는 열정이나 자극이 부족했다.

2000년대 초부터 아내는 교회와 사회에 여성들이 기여한 바를 정리하는 책을 편집했다. 4년짜리 프로젝트였다. 그녀는 책을 편집하며 철학적인 면에 많이 기여했는데 이에 대해서는 반박의 여지가 없다고 생각한다. 4년이 넘는 시간 동안 아내는 12명이 넘는 작가의 글을 다듬고 정리했다. 그 험난한 과정을 지나고 나서 2004년에 그 책, 『성경에서 평등을 발견하다』^{Discovering Biblical Equality}가 출간됐다.

그로부터 12년이 지나고 아내는 지하실에 있는 서재에 천천히 들어섰다. 그녀의 손은 허리춤에 올려진 채 떨고 있다. 생각나지 않는 어떤 단어를 붙들기 위해 아내는 손을 움켜쥔다. 그러나 마땅한 단어를 찾지 못한 듯 근심 어린 얼굴을 하고 시선을 다른 곳으로 옮겼다. 나와 대화하기를 원한다는 애처로운 행동이다. 다시 아내는 우울해졌다.

"제인(주말 간병인)은 빨간 책을 좋아해."

"무슨 책을 말하는 거야?"

내가 질문하자 그녀는 대답이 없었다. 시간이 조금 흐른 후,

"가장 중요한 책 말이야."

라고 말을 건넸다. 일어나서 그녀가 집필한 책 하나였던 『여성, 갈등에 사로잡히다』^{Women Caught in the Conflict}를 보여주며

"이거 말하는 거야?"

라고 물었다. 그러자 그녀는 아니라고 발끈했다. 다시 『성경에서 평등을 발견하다』를 꺼냈다.

"이거?"

"응, 그거."

그녀는 안도하며 말했다.

"제인이 이 책을 좋아한다고?"

그제야 그녀는 내 물음에 웃을 뿐이다.

아내는 제인에게 줄 책을 들고 윗층으로 올라갔지만 곧 다시 내려왔다.

"제인이… 제인이 원하는 거는…"

나는 제인이 아내의 사인이 적힌 책을 원한다는 사실을 뒤늦게 알게 됐지만, 아내는 이제 사인을 할 수 없다.

"내가 대신 해줄까?"

나는 물었다.

"응."

제인은 책 앞부분에 포스트잇을 붙여 뭐라고 써줬으면 하는지를 적어 두었다.

"2016년 7월 17일, 레베카 그로타이스가."

나는 아내에게 이 일련의 과정이 어떤 의미인지를 설명해주어야 했다. 아내는 사인이 담긴 책을 자신의 간병인에게 가져다줬다.

아내는 한때 그 누구보다도 지성과 유머로 반짝였던 사람이었다. 영향력 있는 두 권의 책을 쓰고, 성평등에 관한 책을 공동 편집한 나의 아내는 『철학의 일곱 문장』까지 포함해 내 저서 10권을 편집했었다. 하지만 그녀는 이제 이전처럼 자신의 책을 쓸 능력은 부족했다. 얼마나 안타까운 일인가!

당신과 나, 그리고 내 아내는 시편 90편의 구절처럼 각자의

노을 지는 무렵 내게 걸어온 말들

내리막길을 따라 "먼지로 돌아"간다. 우리는 각자의 알 수 없는 시간표를 갖고 있다. 아내의 뇌는 나의 뇌보다 앞서서 먼지로 돌아가고 있다. 아내가 자신의 날들을 보내고 있을 때, 주님은 "그녀의 일"을 세웠다. 그녀가 행했던 연구, 편집, 집필 작업의 결과물이 다른 이들에게 전해지고 있다.

아내는 글을 쓰며 의미와 즐거움을 발견했다. 이제 그런 일은 옛일이 되어 버렸고, 다시는 시도될 수 없을 것이다. 그러나 그녀는 여전히 자신의 책을 선물하며 기쁨을 느낀다. 서명도 할 수 없고 제목조차 기억하지 못할지라도 말이다. 쓰디 쓴 먼지를 맛보지만 내뱉을 수가 없다.

> 나의 입은 옹기처럼 말라 버렸고,
>
> 나의 혀는 입천장에 붙어 있으니,
>
> 주님께서 나를 완전히 매장되도록
>
> 내버려 두셨기 때문입니다. (시 22:15)

10

교실에서
한탄하다

가르치는 일은 맑은 정신과 능숙함을 요구한다. 아픈 아내는 결국 이것 또한 잃어버렸다. 주님, 이 능력만큼은 잃지 않게 해주소서! 교수란 사회적 직업을 떠나 나는 아내의 법정 후견인이자 보호자이며 그녀를 돌보는 사람이다. 나약해져서는 안 된다. 노화된 내 두뇌가 10년 전보다는 기능이 덜 하겠지만 아직 강의하고 설교하며 글 쓰는 재능은 잃지 않았다. 다행히 아무도 (내가 아는 한) 내게 조기 은퇴를 권하지는 않았다. 아내가 걸린 병의 무게가 나를 불안하게 하고, 내 능력과 가르치는 일에 지장을 주지만 말이다.

최근 학기 중반에 유급 휴가를 다녀왔다. 아내를 돌보고 내가 처한 혼란스러움을 정리하는 데 시간이 필요할 것 같다는 학장님의 권유였다. 학장님은 능력이 뛰어난 분이면서도 동시에 소박한 마음씨를 가진 분이었다. 안도감을 느꼈다. 사실 가장 깊이 낙심하고 괴로워하고 있었기 때문이다.

이후 죄책감이란 감정이 느껴졌다. 학생들에게 내 결정을 설명했을 때 몇몇 학생들은 실망하는 눈치였다(내가 그랬듯이 말이다). 하지만 아무도 내 선택을 만류하지 않았다. 어떤 학생들은 친절한 쪽지를 건넸다. 고통스러웠지만 마음을 나눠주는 학생들이 고마웠다. 한 학생은 자신이 심리적인 문제로 한 학기를 쉬었던 경험을 이야기하며 나를 짓누르는 죄책감을 벗어던지라고 조언도 해주었다.

한계점에 다다르기 전까지 아내의 병에서 비롯된 수많은 불행, 예를 들면 섬유조직염과 화학 알레르기같은 것들을 겪으면서도 수년 동안 학생들을 가르쳤다. 물론 태연한 얼굴을 할 수는 없었다. 나는 시속 5마일로 날아오는 공을 어깨에 맞고도 태연하게 타석으로 돌아가는 타자가 아니다. 어쩔 수 없이 나 또한 평범한 한 인간에 불과할 뿐이다. 그러나 학생들에게 전하고 싶은 지식들을 가지고 있었다. 그 지식에 나의 고난을 현명하게 반영하고자 노력했다. 내 방식이 꾸며낸 것 같거나 과장되지 않기를 바랐다. 진실한 의미를 받아들이는 데 열정적이며 주님의 진리를 전한 예레미야의 말을 떠올렸다.

'다시는 주의 이름을 입밖에 내지 말자. 주의 이름으로 하던 말을 이제는 그만두자' 하여도, 뼛속에 갇혀 있는 주의 말씀이 심장 속에서 불처럼 타올라 견디다 못해 저는 손을 들고 맙니다. (렘 20:9)

기독교인에게 가르치는 일은 작은 사명이 아니다. 가르치는 이의 말은 누군가를 치유하기도 하고 상처입히기도 한다. 누군가를 훈계하거나 학대할 수도 있다. 누군가를 격려하여 일으켜 세우기도, 좌절시키기도 한다. 야고보가 가르치는 이들에게 경고하는 이유가 여기에 있다.

내 형제 여러분, 여러분은 저마다 선생이 되려고 하지 마십시오. 여러분도 알다시피 우리 가르치는 사람들은 더 엄한 심판을 받게 됩니다. 우리는 모두 실수하는 일이 많습니다. 말에 실수가 없는 사람은 온몸을 잘 다스릴 수 있는 완전한 사람입니다. (약 3:1~2)[74]

나는 20년 전에 『빛을 통한 기만』^{Deceived by the Light}을 준비하면서 죽음과 내세에 대한 새로운 생각에 영향을 받았다는 한 여성의 자살 사건을 연구했다. 그녀의 부모님을 만났고 그녀의 자살 노트 사본도 읽었다. 그 이야기를 강의실에서 언급할 때, 나는 이야기를 잠시 멈추고 눈물을 참아야 했다. 다시 평정심을 회복할 시간이 필요했다. 또 한번은 여성도 남성에게 허락되어 있듯 다양한 방식으로 주님을 섬길 수 있어야 한다고 주장하며 교회의 절반을 차지하는 여성을 평가절하해서는 안 된다고 주장했다. 누군가의 직무를 빼앗는 것은 적절치 않다고 말하며 내 아내를 언급했다. 하지만 나는 더 이상 말을 이어갈 수 없었다. 물론 계획된 일은 아니었다.

나는 지금 더 무거운 짐을 짊어지고 있다. 태연한 표정을 지을 수가 없다. 내 인생의 투쟁을 교실 밖으로, 혹은 내 집필 작업 밖으로 완전히 내던지는 건 불가능하다. 교실은 내게 슬픔을 드러낼 여백을 허락하지 않는다. 내 고통을 어떻게 학생 앞에서 드러낼 수 있을까? 그 누구도 내 심리치료사가 아니고, 목회자도 아닌 상황에서? 내가 교회에서 강연했던 한 일화로 시선을 돌려보자.

신앙에 관한 강의가 끝날 무렵, 나는 주제를 바꿨다. 악의 문제, 철학적으로 악의 존재에 대해 설명하기 시작했다. 세상에 너무 많은 고통이 존재할 때 어떻게 신은 전능하며 선할 수 있을까? 이 문제에 대한 간략한 설명을 마치고 내 개인적인 고통의 경험에 대해 이야기했다. 이야기는 개념적인 측면에서 실존적인 측면으로 옮겨갔다. 나는 담담히 말했다.

"제 아내는 치매에 걸렸습니다."

청중들의 시선이 내게 쏠렸다, 잠든 한 사람 빼고. 산만함은 사라진 채 내 말에 집중했다. 나는 차분히 아내의 상태를 설명했다. 모든 교사는 이러한 순간을 맞닥뜨린다.

빅터 프랭클이 나치의 강제수용소의 잔인함에 대해 집필할 때, 그는 자신의 고백이 또 하나의 자기 전시 욕구의 산물일까 두려워했다. 그러나 『삶의 의미를 찾아서』Man's search for meaning는 20세기의 고전이 됐다. 젊은 유대인 정신과 의사였던 그는 자신의 이야기가 오롯이 전달될 수 있도록 하기 위해 이름을 공개해야 했다. 그는 담대하게 그곳으로 나아갔다. 나는 빅터 프랭클은 아니지만 내 학생들이 내 슬픔과 고통을 생각하게 함으로써 도움을 줄 수 있으리라 생각한다.

학생들을 가르칠 때에도 나에게서 떨어지지 않는 고통과 슬픔을 무시할 수 없었다. 내가 지식을 위한 성역으로 만들기 위해 노력하는 교실에서만큼은, 나는 생생하고 지적이며 정서적으로 살아 숨 쉰다. 주님은 나를 이곳에 있도록 하셨다. 나는 불행의 문제에 대해 가르치며 고통스러운 현실을 산다. 그러나 우리 학생들이 말하듯 슬픔을 과도하게 공유하는 건 조심해야 한다. 나는 어디까지, 어떤 모습으로 말해야 할까?

나의 멘토이자 내가 속한 덴버신학교에서 오랫동안 가르쳐온 버논 그라운즈Vernon Grounds는 "당신이 교실에서 솔직하게 자신의 모습을 드러낼 때, 당신은 그 이상을 전해야 한다"고 말했다. 강단은 목사 개인의 연구실도, 고해실도 아니다. 박수 갈채를 바라거나 눈물을 헤프게 쏟는 사람은 멀리해야 한다. 학생과 우리 자신을 난처하게 하지 않도록, 우리의 솔직함은 제한되어 공유돼야 한다. 나는 신학대학원에서 가르침을 전하는 사람이다. 우리는 단순히 정보를 제공하는 게 아니라 우리 이야기를 듣고자

노을 지는 무렵 내게 걸어온 말들

하는 미래의 목회자들에게 투자하는 것이다. 심지어 학생들은 그 이야기의 일부가 되기도 한다.

교수들은 학생들에게 고통을 주제로 강의를 꾸릴 수 있는 첫 번째 사람이다. 이 강의를 통해 교수는 학생들의 생각을 여물게 할 수 있다(그러나 상징 논리와 같은 추상적인 주제는 별 효과가 없다). 물론 이때 교수들은 일방적으로 떠들기보다 학생들과의 대화에 참여한다. 이것이 내가 한탄, 슬픔에 대해 가르쳤을 때 일어났던 일이다.

학생들 앞에서 슬픔을 제대로 보여주는 것은 학생들의 감정 지식에 새로운 길을 내는 것이다. 어떤 철학자들은 지식이란 정당화된 신앙이라고 정의했다. 그러나 한 인간이 현실을 받아들이는 방법에는 또 다른 측면도 있다. 무언가에 대한 강조는 자신을 다른 이의 내면 세계에 집어넣는 것이다. 이를 통해 우리는 다른 사람의 입장이 되어보기도 한다. 이는 인식의 문제일 뿐 아니라 치료의 문제이기도 하다. 이러한 일이 상담실과 교실에서 수시로 발생한다.

나는 수업에서 프랭클의 책에 적힌 글귀를 인용하고, 그의 생각을 활용하고, 학생들과 토론하고 평가하면서 고통에 대한 이론을 설명한다. 학생들은 이 과정을 거쳐 지식을 얻는다. 프랭클의 이론이 아내가 정신 병동에 입원했을 당시의 나를 앞으로 나아가게 했다고 말할 때 그들은 한층 더 큰 지식을 얻는다. 프랭클의 심리학 이론, 고통에 대한 그의 이야기, 그리고 나의 경험이 만나면서 더 큰 깨달음을 선물한다. 내가 수업 중에 "내 고통의 가치"(프랭클이 도스토옙스키에게서 빌려온 문구)를 갈망하며 "고통에서 의미를 털어내야 한다"고 말할 때, 학생들은 나와 공감하기 시작하고 프랭클에게서 더 큰 배움을 얻을 것이다. 그들은 감정을 인식하고 상상하는 법을 배움으로써 새로운 생각을 틔울 수 있다.

눈물을 통해 보는 일은 모든 대상을 가장 진실하게 보는 이상적인 방법일지도 모른다. 가르칠 때 슬픔을 절제해야 한다지만, 나는 그럴 수 없다. 학생들과 함께 아파하면서 교수들은 강의실 안으로 새로운 지식을 불러들인다. 이를 통해 지적 성취와 하나의 감정으로 묶인 공동체를 일굴 수 있다. 아내의 병으로 고통스러워하면서 나는 학생들의 고통에 더 깊이 공감할 수 있었다. 예수는 죽음과 신앙, 내세에 대해 가장 깊고 완전한 깨달음을 얻기 전에 크게 울부짖으셨다.[75] 가르치는 우리도 학생들 앞에서 은유적으로, 혹은 정말 말 그대로 울고 있다.

11

온라인에서
한탄하다

7년 전, 아내의 가장 친한 친구 샤론이 아내를 위해 페이스북 페이지를 개설했다. 그녀는 평소 각자 다른 지역에 사는 친구들이 아내를 위할 수 있는 빠르고 새로운 방법을 찾았다. 아내는 그 취지에 고마워했지만 이를 진지하게 생각하지는 않았다. 결국 아내는 내게 페이스북 페이지를 지워달라고 부탁했다.

인터넷은 우리 문화와 관계, 영혼을 장악하고 있다. 인터넷이라는 강력한 삶의 배경에 저항할 수 없다. 이제 우리는 다른 사람들에게 "구글로 검색하세요", "위키피디아에 물어보세요", "셀카 찍어서 보내줘요"라고 말한다. 심지어 우리는 온라인으로 슬픔을 나누기도 한다.

페이스북은 나의 슬픔을 공유하는 주된 장소다. 몇 년간 애증의 관계가 이어지다가 이제 페이스북을 내 인생의 낭연한 부분으로 여기게 되었고, 많은 수의 '친구'를 사귀었다(때로 몇몇은 쫓아버리기도 했지만).

페이스북은 내게 도구 그 이상이다. 현명함과 어리석음이란 이중성을 지닌 삶의 방식이다. 나는 두 측면 모두를 인정한다. 나는 이 책에서 페이스북에 대한 견해를 미루고, 황혼을 걷는 내 여정에서 페이스북이 어떤 위치를 차지하고 있는지를 들려주려 한다.

이 책의 2장, 「알고 싶지 않던 것을 배운 한 해」 역시 단행본보다 페이스북으로 글이 먼저 공개됐다. 나는 사회 논평, 신학, 철학, 변증법, 유머들을 공유하기 위해 페이스북을 사용한다. 단순히 친구들과 만나거나 통화하는 것을 대체하기 위해 페이스북을 사용하지는 않는다. 손으로 직접 쓴 카드는 페이스북에서는 외계 문화 같은 것이다.

기술을 좋아했던, 그러나 신앙에 대해 무지했던 어떤 이가 교회에 가는 일을 온라인으로 대신하기 위해 "성스러운 픽셀"을 발명했다지만 이는 이루어지기 쉽지 않은 일이다. 나는 고통에 대한 위안을 주고받기 위해 친구들을 만나고 그들의 이야기를 듣고 때로는 포옹도 해야 한다. 그러나 페이스북의 속도는 너무나 빨라서 도움, 고백, 기도 요청을 전할 여유를 허락하지는 않는다.

페이스북 사용자들은 자신들이 재미있어하고 공유할 만하다고 생각하는 모든 것을 다른 이들에게 알린다. 당신은 수많은 정보를 걸러내야 하고 데이터를 잃지 않기 위해 온라인상의 시시콜콜한 이야기들을 넘겨버려야 한다. 나는 시덥지 않은 퀴즈나 시시콜콜한 잡담, 불필요하게 감정적인 글로 화면을 도배하기를 원치 않는다. 그러나 종종 실패한다. 하지만 페이스북이 해악만 끼치는 건 아니다. 나는 수천 명의 사람들에게 동시에 메시지를 보낼 수 있다. 불안했던 내 인생의 고난은 다른 이들의 (좋거나 나쁜) 충고, (현명하거나 어리석은) 위로, (적절하거나 부적절한) 권유를 거둬들인다. 이 반응들이 내게는 대체로 도움이 된다.

늘 글을 쓰고 제멋대로인 작가로서 나는 페이스북에 여러 짧은 에세이를 쓰지만, 아내와 함께 치매를 견뎌내는 이야기를 가장 많이 쓴다. 우리가 함께 보낸 인생의 한 장면을 묘사하거나 아내의 의사가 아내를 어떻게 치료하는지에 대해 이야기한다. 이런 글을 쓰면 고통과 좌절감이 줄어드는 느낌이다. 독자의 반응은 격렬하거나 사소하거나 엉뚱할 수 있다. 하지만 페이스북에서는 이 모든 반응을 기대하는 법을 배운다. 정 필요하다면 친구를 끊거나 차단할 수도 있다. 내 에세이는 널리 공유되고 의견이 달리기도 한다. 나의 말이 누군가의 고통을 줄이는 데 도움을 주는 경우도 있다.

혼자라고 느낄 때, 게시글에 이런 나를 도와달라고 적을 수도 있다. 어쩌면 다른 누군가가 그저 읽어주기를 바라며 글을 쓸 수도 있다. 내 고통에 대해 적은 글이 다른 이의 한숨과 신음, 울음에 도움이 됐다는 사실을 발견하기도 했다. 때로는 누군가 자신과 같은 감정을 느끼는 사람이 여기 있다는 걸 알아주면 좋겠다. 내 글은 보통 빠르게 쓰는, 정돈되지 않은 단순한 시의 형태를 띤다. 장황하게 글을 적을 수도 있고 내 약점을 노출할 수도 있다. 그럴 때 배고픈 피라냐들이 출몰한다. 그들은 내 이야기를 물어 뜯는다. 하지만 감사하게도 친절한 영혼들이 배고픈 피라냐들보다는 더 많다.

어떤 결과를 낳든지 간에 내 슬픔과 고통을 공개하기로 결정했다. 도저히 혼자 견디지 못할만큼 괴로운 일을 겪고 난 뒤 아래와 같은 글을 올렸다.

"아내가 나오지 않는 말로 인해 고통스러워 할 때 나는 장대한 우주의 역사에서 아내가 겪는 이 일이 소소한 사건일 수 있겠다는 생각을 하며 용기를 내고 있었다. 그때 아내는 몸을 떨며 죽기를 바란다고 말했다. "왜 죽으면 안 되지?" 나는 '목적'이란 단어를 찾았다가 곤란한 입장이 된다. 언급할 수 있는 모든 목적을 머릿속으로 떠올려보다 말을 돌린다. "그거 당신 수첩이야?" "응." 시간이 지나 나는 아내에게 솔직히 말한다. "마땅한 대답을 못 찾겠어. 우리 내일까지 기다려볼까?" 아내는 의자에 깊숙이 앉아있다. 반려견 써니가 자신을 쳐다보는 걸 느끼고 나서 써니의 머리 위에 손을 얹는다. 그러나 주님은 말이 없으시다."

이후 몇몇 사람들은 내 글을 공유하며 자신의 이야기를 보태거나 개인적인 메시지를 보냈다. 나는 페이스북을 통해 여러 친구들을 만나며 각자의 의견을 나눴다. 내가 적은 글을 거의 다 읽은 한 친구는 자신이 페이스북을 배워가면서 내 글을 자발적으로 편집해 주기도 했다. 아내가 할 수 없게된 그 일 말이다. 그 친구의 편집 방식은 놀랍게도 아내의 방식과 매우 닮아 있었다. 편집을 거치고 나면 아내가 했던 때와 마찬가지로 더 좋은 글이 나온다. 남아프리카공화국에 사는 한 친구는 나의 한탄에 즉각적으로 응답한다. 그리고 반짝이는 동물 영상과 성경 구절들로 나를 채워준다. 이들이 있어 나는 계속 나아갈 수 있다.

　　페이스북은 누군가에게 고백하기 위해 적절한 SNS였다. 나는 아내를 돌보는 일에 자주 실패했다. 실패를 인정하고 다른 이들에게 나처럼 해서는 안 된다고 경고하며 기도나 조언을 구했다(언젠가는 페이스북에 게시한 글 때문에 사과를 해야 할지도 모르겠다). 물론 교회에서 하듯이 죄를 고백하고 용서의 말을 듣는 장소가 페이스북은 아니다. 그러나 페이스북은 몇 가지 일을 바로 세우고 어떤 벽을 무너뜨리는 장소는 될 수 있다.

　　인터넷이 무엇이든 간에 우리는 이를 통해 기도를 요청하고 상대방을 위해 기도한다. 나는 의사에게 아내를 데려가거나 치료와 관련된 중대한 결정을 내릴 필요가 있을 때 기도를 요청하는 글을 남긴다. 즉각적으로 자신의 기도를 전해주는 사람들이 있었다. 나는 이들의 기도문들에 용기를 얻곤 했다. 어떤 경우에는 어떠한 기도도 할 수 없을 때가 있다. 그리스도께서 친히 내약한 팔을 들어 올려 주셔야 한다. 나는 기도를 부탁하는 데 있어 부끄러워하지 않는다는 점에서 사도 바울과 닮은 지도 모르겠다.

> 항상 깨어 있으면서 감사하는 마음으로 꾸준히 기도하십시오. 그리고 우리를 위해서도 기도해 주십시오. 주님께서 우리에게 당신의 말씀을 전할 수 있는 기회를 터주셔서 그리스도의 심오한 진리를 전파할 수 있게 기도해 주십시오. 나는 이 진리를 위해서 지금 갇혀 있습니다. 그러니, 내가 이 심오한 진리를 제대로 말할 수 있게 기도해 주십시오. (골 4:2~4)

나는 사람들이 기도해 준 일에 대해 글을 올린다. 나도 다른 이를 위해 기도하고 격려하려 노력한다. 현명한 기도의 중요성은 가늠할 수 없을 만큼 크다.

마샬 맥루한^{Marshall McLuhan}이 말했듯 "매체는 메시지다". 페이스북은 우리가 의사소통하는 방식을 만들어 간다. 페이스북은 중립적인 매체가 아니다. 이를 어떻게 이용할 수 있을지는 우리가 설정할 수 있지만 그 구조를 통제할 수는 없다. 나는 페이스북이 슬픔을 담아내기에 의미 있는 미디어라는 사실을 발견했다. 아내는 그렇지 않았고 그럴 수도 없었다. 하지만 나는 아내

의 병에 적용할 수 있는 지혜와 위로를 이곳에서 찾아낼 수 있
을 것이다.

박물관에서

치매를 앓는 사람을 돌본다면 예전처럼 활동적이지 않은 환자를 위해 이전과는 전혀 다른 활동을 찾으려 노력해야 한다. 우리는 이 과정에서 많이 실패했다.

덴버 미술관은 예전처럼 생각하거나 활동하지 못하는 사람들을 위해 여러 프로그램을 제공한다. 정신적으로 아픈 사람들은 몸을 움직일 수 있는 한 멈추지 않고 계속 뭔가를 하려 한다. 그러나 그들에게는 무언가를 성취하기 위해 집중하는 힘이 부족하다. 아내에게서 이런 상태를 종종 본다. 그럴 때면 슬픔과 당황, 우울함과 성가심이 뒤섞여 일어난다. 이런 아내에게 치료사와 예술가들이 함께 만든 통합 예술 활동이 도움이 되리라 생각했다.

이 활동은 음악과 함께 하는 예술을 기반으로 만들어졌다. 나는 아내의 독특한 상황을 바탕으로 할 수 있는 최선책이 무엇일지 살폈고 결국 찾아냈다. 우리는 대기실로 향했다. 대기실에 앉아있는 커플 중에 누가 치매에 걸린 환자인지 알아보는 건 어렵지 않았다. 다른 이들도 나와 아내 같은 상황에 처해 있음을 직감했다.

우리는 강당에서 활동 전반에 대한 설명을 들었다. 안내원은 강당을 가득 채운 사람들을 앞에 두고 이 활동이 어떤 것인지 친절하고 논리정연하게 설명했다. 그녀는 프레젠테이션 그림 속 사람들을 가리키며 질문하고 답을 이끌어냈다. 또한 그녀는 누구도 얕볼 수 없는 말씨를 유지하려 하는 것 같았지만 가끔 실패했다. 조금 이상했지만 대다수 사람은 매우 즐거워하는 것처럼 보였다.

아내는 이 모든 걸 달가워하지 않았다. 그러나 다수의 음악가가 그림의 서로 다른 부분을 음악으로 표현하는 장면에는 관심을 보였다. 음악가들은 먼저 자기 악기에서 어떤 소리가 나는지 들려주었다. 다른 상황이었다면 필요치 않았을 설명이었다. 이후 음악가 그룹은 여러 모둠으로 나뉘어 그림의 한 부분씩을 맡아 표현했다. 음악가들은 열정적이었다. 그러나 점점 아내의 얼굴은 일그러져 갔다.

우리와 함께 있던 사람들은 이 활동을 매우 좋아했다. 특히 치매 환자는 아니지만 수다스러워 보이는 한 아저씨가 그랬다. 그는 자신의 아내에게 지금 상황을 설명해주지도, 그녀를 대화에 참여하게 해주지도 않았다. 그의 아내는 잊혀진 것에 만족하며 앉아있었다.

아내는 즐거워하지는 않았지만 다소 흥분돼 있었다. 그녀는 외향적인 사람이 아니며 지금처럼 이방인 취급을 받는 것에 익숙한 사람도 아니다. 그녀는 특히 날카로운 소리에 민감했다. 지금 눈앞에서 벌어지는 일들이 혼란스럽고 짜증이 날 뿐이었다. 어떻게 해볼 도리가 없었다. 옆 사람들에게 양해를 구하며 이제 인생에서 제대로 돌아가는 일이 없다는 걸 다시 한번 느꼈다.

창의력 넘치는 혼란 속에서 탈출한 후 우리는 조용한 박물관을 둘러보았다. 서로는 아무 말도 나누지 않았지만, 우리는 함께 무언가를 하고 있었고, 우리를 둘러싼 분위기는 참 따스했다.

오래 지나지 않아 박물관을 떠났다. 치매 환자를 위한 예술 행사에 대한 안내 이메일을 꾸준히 받았지만 참석할 용기를 내지 못했다. 아마 그중 몇 가지는 아내의 마음에 들지도 모른다. 그러나 또 다른 실패를 감내할 용기가 없다. 이메일 하나하나가 그때 기억을 떠올리게 한다. 모두 수신 거부.

12

기술로부터의
자유

아내와 나는 기술에 더디게 적응하는 사람들이다. 우리는 독서
와 글쓰기에 많은 시간을 투자한 데 비해 급격하게 발전하는 기
술들을 익히는 데는 거의 시간을 쓰지 않았다. 하지만 점점 더
글쓰기 작업은 기술을 필요로 했기에 우리는 컴퓨터를 업그레
이드하고 인터넷 선을 연결하기로 했다(누군가에겐 깜짝 놀랄만한 변
화다!).

아내가 건강했을 땐 편집 작업을 위해 이메일을 사용하고 오
래된 유선 전화와 단순한 휴대폰을 이용했다. 그녀는 젠더 문제
에 관해 사람들의 주목을 끄는 블로그를 열기도 했었다. 물론
잘 다루지 못해 블로그는 잠정폐쇄 상태에 놓였다. 그녀는 사람

들과 채팅한 적도, 컴퓨터 게임을 즐긴 적도, 온라인을 통해 연구를 한 적도 없는 사람이다. 하지만 독서에는 누구보다도 열정적이었다.

블로그에 에세이를 게시하는 일은 아내에게 점점 귀찮은 일이 되어 버렸다. 그녀는 컴퓨터 자체를 다루는 데 서툴렀다. 전에는 능숙하게 사용했던 이메일 조차 문제를 일으켰다. 나는 이 혼란의 원인을 모른 채 아내를 도우려 했다. 아내가 원하는 일을 대신 해줄 수는 있었지만, 그녀 스스로 이 모든 일을 해나갈 수 있게 가르쳐주지는 못했다. 그녀가 컴퓨터를 수월하게 다루도록 새로운 컴퓨터를 사주기도 했다. 하지만 결국 아내는 실패했다. 새 컴퓨터는 몇 달 동안 그 자리에 그대로 있었다. 나는 새 컴퓨터를 사무실로 들고 갔고, 이내 다른 이에게 줘버렸다. 아내의 세계는 점점 더 협소해지고 있었다. 많은 것을 자신의 세계 밖으로 밀쳐냈다. 어디서부터 잘못된 걸까? 우리는 이 모든 게 섬유조직염의 한 증상이 아닐까 생각했다. 낙관적인 추측이었다. 늘 그렇듯 현실은 더 나빠지고 있었으니까.

어느 날 아내는 자신의 휴대폰과 싸우기 시작했다. 익숙했던 자신의 휴대폰을 다룰 수 없었고 나는 그녀에게 휴대폰 사용법을 설명하는 데 실패했다. 하지만 우리에게는 커다란 버튼과 오랜 사용 경험이 있는 단순한 유선 전화가 남아있었다. 그러나 곧 유선 전화 역시 휴대폰, 이메일, 컴퓨터와 같은 처지로 내몰렸다. 펜이나 연필도 마찬가지였다. 아내는 병에 걸린지 1년 동안은 내게 자동발신 기능을 사용하여 전화를 걸 수 있었다. 그러나 곧 이마저도 불가능해졌다. 전도서가 묘사하는 허망함을 숱하게 떠올렸다.

> 나는 산다는 일이 싫어졌다. 모든 것은 바람을 잡듯 헛된 일이라, 하늘 아래서 벌어지는 모든 일이 나에게는 괴로움일 뿐이다. (전 2:17)

아내의 상실해가는 능력을 붙잡으려 부단히도 애써왔다. 그 노력은 잠시 성공한 적도 있으나 시간이 지나며 대부분 실패하기 시작했고, 치매라는 냉혹한 적 앞에서 모든 노력은 물거품이 되고 말았다. 힘이 빠졌다. 아내가 기술을 다루는 능력을 잃는 걸 보완하려던 모든 노력은 끝이 났다. 다시 전도서의 한 구절을 떠올렸다.

> 찾아나설 때가 있고, 포기할 때가 있다. 간직할 때가 있고, 버릴 때가 있다. (전 3:6)

어떤 소통이든 소통 자체는 쉬운 일이 아니다. 그러나 아내의 경우에는 그 어려움이 더했다. 그녀의 이해력은 지금보다 더 손상될 것이고, 아무것도 남지 않을 때까지 더 나빠만 갈 것이다. 아내는 물론 자신의 생각 자체를 인식할 수는 있다. 그러나 그걸 표현하기 위한 단어를 찾지 못한다. 나는 그녀가 원하는 단어를 찾아주기 위해 애를 태운다. 필요한 단어를 찾았을지라도 우리는 이미 지쳐있다. 이렇게 지독한, 생략과 뺄셈이 난무하는 아내의 인생은 나에게 컴퓨터를 비롯한 모든 기술이 사라진 세계를 상상하게 한다. 아내는 아무런 선택도 할 수 없다. 기술로부터 소외된 세상을 살아가며 더욱 외로워질 것이다. 대부분의 기술 매체들을 사용하지 못하게 되었지만 아내는 현재 상황을 깨닫지 못하고 있다. 어쩌면 이편이 나을지도 모른다.

영원이라는 관점에서 보면 현재의 모든 문제는 일시적인 현상일 뿐이다. 그렇다. 주님의 눈으로 보면 우리가 겪는 이 모든 문제는 단순히 불편한 문제에 그치지 않고 보다 중요한 의미를 지닌 사건일지도 모른다. 우리는 주님과 다른 이들을 섬겨야 한다고 하지 않았나. 그러나 이건 피곤한 일이고 역사는 지루하게 반복한다.

세상만사 속절없어 무엇이라 말할 길 없구나. 아무리 보아도 보고 싶은 대로 보는 수가 없고 아무리 들어도 듣고 싶은 대로 듣는 수가 없다. 지금 있는 것은 언젠가 있었던 것이요, 지금 생긴 일은 언젠가 있었던 일이라. 하늘 아래 새 것이 있을 리 없다. (전 1:8~9)

세상의 고뇌에 과도하게 노출되면 우리는 무능력해지고 현재 상황에 주의를 기울일 수 없게 된다. 나는 때로 아내에게 "바깥

세상에 대해 모르는 게 낫다"고 말한다. 그녀는 그저 빙긋 웃는다. 언젠가 테러리스트와 경찰 간의 총격전이 발생한 때가 있었다. 아내는 슬프고 사색에 잠긴 큰 눈으로 나를 보며 "우리가 뭘 할 수 있을까?"하고 물었다. 나는 "할 수 있는 게 많지 않지. 하지만 기도할 수는 있어. 저 사건에 대해 글을 쓰고 진리에 대해 증언할 수도 있지"라고 말했었다.

한편, 아내는 이전까지는 사용하지 않았던 기술을 사용해야만 한다. 아내는 해가 질 무렵이면 우울증과 치매가 심각해지는 증상을 보였는데 나는 이를 위해 그녀의 방에 그녀를 관찰할 수 있는 CCTV를 설치했다. 아내가 잠에서 깨어나 돌아다니면 나는 그녀의 행적을 뒤쫓아 다시 그녀를 침대로 데려갈 수 있다. 또 그녀가 집 바깥을 돌아다니면 추적 장치를 통해 경찰이 그녀를 손쉽게 찾을 수 있도록 준비해 두었다. 시간 개념과 방향 감각을 잃어버린 아내에게 새로운 기술들은 그녀의 행동을 관리하게 해준다. 이 기술들이 아내를 직접 돌보지는 않지만, 우리에게는 절실한 도움을 제공한다.

아내에게 전달되는 정보의 양도 제한해야 한다. 아내가 앓고 있는 질병 때문이기도 하지만, 이 원칙은 사실 누구에게나 적용된다. 우리는 자신의 능력에 맞게 정보를 받아들여야 한다. 많은 이들은 자신이 가진 능력보다 더 거대한 정보 덩어리들을 섭취한다. 우리는 지나치게 확대된 감각 기관의 불쌍한 관리자들일지도 모른다. 백 년 전만 하더라도 책, 잡지, 전보, 전화, 라디오를 통해서만 정보가 전달됐다. 그중에도 전보, 전화, 라디오는 한정된 사람들만 다룰 수 있었다. 분명 역사에는 산만한 사람이 있기 마련이지만, 오늘날보다 더 빠르게 이동하고 더 많이 움직이는 세상은 없었다. 과거 사람들은 자신이 소화할 수 있는 양만큼의 정보만을 섭취했다. 그러나 정보 기술이 폭발적으로 발전하고, 멀티태스킹(동시 작업), 스키밍(대충 읽기), 서핑(둘러보기)하는 습관이 범람하면서 세상은 뒤바뀌었다. 미국인들은 다들 박식하지만 투표 결과나 거리 인터뷰가 보여주듯 그들은 수많은 정보를 접하는 반면 무지하다. 많은 양의 정보가 아니라 지식과 지혜가 필요하다. 지식은 정보를 통해 진실을 찾아 옮겨 다닌다. 지혜는 진리를 취하고 삶의 미덕으로 드러난다.

깊이를 얻기 위해서는 수많은 정보를 어느 정도 걸러내야 한다. 생각할 시간이 필요하다. 수상 스키와 스쿠버다이빙을 동시에 할 수는 없는 노릇이다. 위대한 고전을 읽고 있다고 생각해보자. 그런 책을 읽을 때는 엄청난 집중이 필요하다. 반복해 읽어야 한다. 나는 두터운 두께를 자랑하는 C. S. 루이스의 『인간 폐지』를 40년 동안 10번 읽었다. 그만큼 시간이 필요했다. 책을 읽을 땐 항상 조용하고 고립된 장소를 찾았다. 한 번에 한 가지 일만 하는 것이 멀티태스킹보다 더 중요하다. 관계에 있어서도 마찬가지다.

아내는 당연히 멀티태스킹을 할 수 없다. 한 가지 일을 하기에도 벅차다. 우리의 대화는 파악하기 어려운 단어들을 해명하는 데 집중되어 있다. 우리의 소통은 점점 더 줄었고, 얼굴을 맞댄 교류는 위태로울 지경이었다. 우리가 스마트폰에 구축된 공간 같은 곳에서만 존재한다면 주님의 형상을 따라 지어진 다른 생명체와 어떻게 함께 존재할 수 있겠는가? 어리석은 일이다. 데이터를 주고받는 것보다 영혼의 교감이 훨씬 중요한 것 아닌가?

> 이다지도 좋을까, 이렇게 즐거울까!
> 형제들 모두 모여 한데 사는 일!
> 아론의 머리에서 수염 타고 흐르는,
> 옷깃으로 흘러내리는 향긋한 기름 같구나.
> 헤르몬 산에서 시온 산 줄기를 타고
> 굽이굽이 내리는 이슬 같구나.
> 그 곳은 야훼께서 복을 내린 곳, 그 복은 영생이로다. (시 133:1~3)

사도 요한은 "선택받은 귀부인과 그 자녀들에게"[76] 편지하면서 "여러분에게 쓰고 싶은 말이 많지만, 그것을 잉크로 종이에다 적어 보내고 싶지는 않습니다. 내가 여러분에게 가서 직접 대면하고 이야기를 나누고 싶습니다. 그러면 우리는 충만한 기쁨을 누리게 될 것입니다"라고 말했다.[77]

이제 아내는 정보를 받아들이지 못한다. 그녀의 세상은 점점 더 좁아지고 있다. 병에 사로잡힌 그녀는 기술로부터 더더욱 멀어져 간다. 이것이 그녀의 삶을 단순하고 서글프게 만든다. 그러나 그녀는 자신의 쇠퇴해가는 삶 자체로 내게 한 인간의 존재, 단순함, 삶의 중심에 대해 가르치고 있다. 아내는 자신을 보살피는 '직접적인 존재'를 필요로 한다. 사실 우리 모두 그렇다.

13

아내에게
거짓말하는 법

강아지는 초콜릿을 먹어선 안 된다. 자칫하면 죽을 수도 있기 때문이다. 반려견 써니는 우리 기분에 민감하게 반응하며 곁에 항상 머무는 상담사다. 이 강아지는 언제나 우리 관심을 끌기 원하고 가능한 한 즐거운 상황을 만들려 한다. 그러나 어쨌든 강아지에게 초콜릿을 먹여선 안 된다. 써니는 이를 알 리 없기에 우리가 써니에게서 초콜릿을 멀찍이 떨어뜨려 놓아야 한다. 써니가 죽는다면 우리가 겪는 시련은 배가 될 테니까.

간병인과 나는 아내가 자기도 모르게 초콜릿을 흘릴까 노심초사한다. 써니는 바닥에 떨어진 음식이라면 무엇이든 거리낌 없이 먹어 치우기 때문이다. 다른 가정이었다면 만약의 사태를 대비해 다양한 조치가 취해졌을 것이다. 그러나 우리 집은 일반적이지 않다. 무언가 다른 조치가 필요했다.

써니가 초콜릿을 주워 먹는다면 우리는 써니를 수의사에게 데려가 위에서 초콜릿을 끄집어내야 할 것이다. 써니는 이런 조치도 잘 견딜 것이다. 또 작은 초콜릿 조각 정도야 써니에게는 큰 위협이 되지 않을 것이다. 그러나, 이런 자잘한 설명 모두를 아내에게 전달하려면 문제가 달라진다. 나는 아내에게 말했다.

"써니는 초콜릿을 먹으면 죽을 거야."

이런 단언은 엄밀하게 말하자면 틀린 말이다. 철학자로서, 그리고 기독교인으로서 나는 거짓을 전하거나 생각하고 싶지 않다. 나는 이를 위해 『부패한 진실』Truth Decay이라는 책을 쓰기까지 했다!

그러나 모든 거짓말이 거짓은 아니다. 거짓말쟁이들은 자신의 말이나 행동을 통해 상대방을 속이려 한다. 시계가 고장이 났다고 치자. 오후 4시 30분일 때 당신이 친구에게 5시 30분이라고 말했다면 그건 거짓말이 아니다. 그냥 실수다. 거짓말은 누군가에게 어떤 상황을 숨길 의도를 지닌 말이다. 예를 들어 제2차 세계대전 때 몇몇 군인은 입대를 위해 자신의 나이를 속였다. 그 이유야 숭고할지 모르나 나이를 속인 건 거짓이다. 거짓된 진술은 실제와 일치하지 않으며 현실은 우리의 믿음에 신세를 지지 않는다. 진실은 우리의 변덕이나 희망과는 별개로 존재한다.

노을 지는 무렵 내게 걸어온 말들

그러나 "써니는 초콜릿을 먹으면 죽을 거야"라는 말은 우발적인 거짓말이 아니다. 나는 의도적으로 거짓을 말하려 했다. 거짓말이긴 하지만 진실의 변두리에서 그리 멀리 떨어져 있지는 않다. 누군가는 "초콜릿이 써니를 죽게 할 거야"라는 말을 과장으로 듣겠지만, 아내는 그런 식으로 말을 분간하지 못한다. 어쨌든 이건 거짓말이다.

이 일은 우리집에서 일어나는 거짓말의 한 가지 사례일 뿐이다. 다수의 거짓말이 분명 도덕적으로는 잘못되었음에도 나는 이런 종류의 거짓말을 옹호해야만 한다. 이러한 상황 자체에 화가 날 때도 있다. 그러나 마음이 고장 난 사람은 올바른 생각을 가진 사람들처럼 진실에 다가갈 수 없다.

치매는 마음을 뒤틀리게 하고 온전함을 망가뜨리며 세포 하나하나를 무자비하게 공격한다. 능력을 다 잃어버릴 때까지 공격은 계속된다. 치매는 현실을 파악하는 능력들을 불태운다. 두 뇌는 더는 제대로 작동하지 않는다. 치매로 고통받는 사람은 우리가 말하고자 하는 진실을 이해할 수 없다. 다른 이가 한 말을 의미 없게 받아들이거나 오해하기도 한다.

거짓말이 잘못인 이유는 그 말이 사실을 온전히 이해할 수 있는 사람을 속이기 위한 말이기 때문이다. 2016년 6월에 친구에게 "나는 46살이야"라고 말한다면 그건 거짓이다. "나는 50살이야"라는 참인 문장을 이해할 수 있는 사람에게 나이를 속였기 때문이다. 이처럼 거짓말이라고 모두 같은 거짓말은 아니다.

내 어머니는 알래스카 앵커리지에 있는 프로비던스 병원에서 간염과 치매로 고통받았다. 내가 병원에 방문했을 때 어머니는 내게 "내가 병원에 입원했다는 걸 우리 엄마가 아니?"라고 물으셨다. 나는 잠시 망설인 후에 "그런 것 같아요"라고 대답했다. 어머니께 당신의 어머니는 오래전에 돌아가셨다고 말하는 건 참 잔인한 일이다. 어머니는 할머니의 죽음을 또다시 슬퍼해야 할 테니 말이다. 침묵은 덜 잔인하지만 아프기는 매한가지다. 이 거짓말은 온전치 못한 어머니가 무엇을 이해할 수 있는지, 무엇에 관심을 두고 있는지에 바탕을 두고 만들어졌다. 지금 다시 생각해봐도 나는 그렇게 답했을 것이다. "네, 엄마는 알고 계세요."

이 논리는 단순한 논증을 만든다. 우리가 거짓을 말하든 진실을 말하든 간에 가끔은 상대방의 상황(이 경우에는 정신적 능력을 말한다)에 따라 우리의 말은 달라진다. 내가 아픈 이들을 무거운 진실로부터 보호해야 한다고 주장하는 것은 아니다. 『스크루테이프의 편지』에서 C. S. 루이스는 악마 웜우드를 통해 말했다.

잘 훈련받은 거짓말하는 의사, 거짓말하는 간호사, 거짓말하는 친구들이 죽어가는 환자한테 살 수 있다고 장담하며, 아픈 사람은 멋대로 굴어도 좋다는 믿음을 부채질하고, 더 나아가 우리 일꾼들이 제 역할만 해준다면 성직자가 환자한테 제안하는 것들을 죄다 보류시킴으로써 실제 상황을 은폐할 수도 있지![78]

자신의 상태를 이해할 수 있는 사람에게 그가 치명적인 병에 걸렸음에도 나을 수 있다고 말하는 건 용서할 수 없는 일이다. 알아야만 하는 가혹한 현실로부터 누군가를 보호하기 위한 나쁜 목적이 있을 때, 그 말은 거짓말이 된다.

아내와 나는 서로를 신뢰했고, 결혼 생활 동안 진실만을 말하려 애써왔다. 내 아버지는 자신의 잘못에 정직했고, 그를 바라보며 나 또한 정직하려 노력했다. 아내의 온전치 못한 상태가 내 거짓말을 정당화해 준다고 해도, 나는 여전히 내 거짓말에 가책을 느낀다. 아내는 거짓말을 알아챌 수 없다. 이에 대한 걱정은 들지 않는다. 다만 내 마음에 울리는 진실의 목소리가 두렵다. 내가 할 수 있는 최선은 특별한 상황으로 거짓말을 정당화하는 것뿐이다.

> 라합은 믿음으로 정탐꾼을 자기 편처럼 도와주어 아버지를 거역하는 자들이 당하는 멸망을 같이 당하지 않았습니다. (히 11:31)

단순히 내 이익을 위해 진실을 왜곡하는 게 아니다. 아내에게 도움이 될 거짓말을 하는 것이다. 논쟁하려는 것은 아니지만 "거짓 증언을 하지 말라"고 말하는 성경의 명령[79]은 모든 거짓말이 아니라 다른 이를 해치기 위해 거짓을 말하는 경우에만 적용됐다.

더 나아가 '거짓말을 하는 사람'과 '거짓말쟁이'는 다르다. 아우구스티누스 ^Augustine 는 "거짓말하는 사람과 거짓말쟁이 사이에는 차이가 있다. 전자는 뜻하지 않게 거짓말을 내뱉은 사람이고, 후자는 거짓말하기를 즐기며 이에 기쁨을 느끼는 사람이다. 그는 거짓 자체에 환호한다"라고 말했다.[80] 우리는 거짓을 말하지 않기 위해 최선을 다해야 한다.

> 거짓말로 서로 속이지 마십시오. 여러분은 옛 생활을 청산하여 낡은 인간을 벗어버렸습니다. (골 3:9)

'치료를 위한 거짓말'은 도무지 이해할 수 없는 진실로 인해 상처받을 사람들에게 진실을 숨길 때 사용하는 용어다. 그러나 이 말은 치료를 위한 것이 아니다. 상황을 더 악화시키지 않는 데 도움이 될 뿐이다. 내 주장은 힘든 상황에 놓인 사람들을 돕자는 것이지 거짓말을 장려하거나 감싸주며 죄로 향하는 길을 안내하려는 게 아니다. 아담과 하와가 죄에 빠진 이유는 사악한 거짓말과 그 거짓말에 대한 정당화 때문이었다. 지금 전해지는 몇 마디의 거짓말은 아내와 내가 짊어진 짐을 약간 덜어준다. 물론 우리가 짊어진 이 짐 역시, 우리를 끝까지 짓누르지는 못할 것이다.

> 고생하며 무거운 짐을 지고 허덕이는 사람은 다 나에게로 오너라. 내가 편히 쉬게 하리라. 나는 마음이 온유하고 겸손하니 내 멍에

를 메고 나에게 배워라. 그러면 너희의 영혼이 안식을 얻을 것이

다. (마 11:28~29)

에피소드

깊고도 소박한 진심

나는 … 영광스러운 아버지께서 여러분에게 영적인 지혜와 통찰력을 내려주셔서 아버지 참으로 알게 하시고 또 여러분의 마음의 눈을 밝혀주셔서 아버지의 백성이 된 여러분이 무엇을 바랄 것인지 또 성도들과 함께 여러분이 물려받을 축복이 얼마나 놀랍고 큰 것인지를 알게 하여주시기 바랍니다. (엡 1:17~18)

청년들과 성경에 대한 이야기를 나눈 후 집으로 돌아왔다. 예상했던 것보다 모임이 길어졌기에 자전거를 타려는 계획은 포기해야 했다. 늘 그렇듯 써니가 문가에 서서 나를 반겼다. 그때 찬송

노을 지는 무렵 내게 걸어온 말들

가를 부르는 아내 특유의 음성을 들었다. 잠시 자리에 멈춰 서 있었다. 기독교 신자인 주말 간병인과 아내는 〈주님께서 나를 구원하셨네〉와 〈이 시대의 징조〉라는 찬송을 부르고 있었다. 아내는 찬송가 가사 몇 줄을 생략하곤 했다. 가사는 아니었지만 찬송의 느낌과 음율은 분명히 기억하는 것이다.

나는 내가 돌아왔다는 인기척을 내며 방으로 들어갔다. 그 순간이 거룩했다고 적어야겠다. 나는 다른 방에 머물며 찬송을 들었고, 둘 다 눈치채지 못하도록 슬며시 아래층으로 내려왔다. 몇 가지 글을 적은 후 다시 위층으로 올라갔을 때 둘은 게이더 Gaither 의 〈그가 나를 보듬으셨네〉를 노래하고 있었다.

예수는 나를 사랑하신다.
성경은 이 모든 걸 알려준다.
작은 자들 모두가 그에게 속한다.
그들은 약하지만 강한 사람들이다.

예수는 나를 사랑하신다.
성경은 이 모든 걸 알려준다.

터져나오는 울음을 참을 수가 없었다. 깊고도 소박한 진심이 아픈 이의 몸을 통해 울려 퍼지고 있었다. 아내는 이 단어들을 말할 수 없다. 그러나 그녀는 이 말들에 담긴 의미를 기억하고 있을 것이다.

아내와 간병인은 노래를 통해 주님과 대화를 나눴다. 그들의 눈은 감겨 있었으나 마음의 눈은 활짝 열려 있었다. 바울은 자신이 사랑하는 에페소 교회 교인들을 위해 기도하며 편지를 남겼다. 그 편지는 시간이 흘러 지금 이 시간을 사는 주님의 자녀들에게 전해지고 있다. 언젠가 아내도 바울의 편지에 담긴 충만함을 경험할 수 있으리라.

성도들과 함께 여러분이 물려받을 축복이 얼마나 놀랍고 큰 것인지를 알게 하여주시기 바랍니다. (엡 1:18)

14

기분 나쁜
농담

인간은 웃는다. 써니 역시 웃을 수 있다고 생각하지만, 강아지가
사람들이 말하는 아이러니와 풍자를 이해한다고 생각하지는 않
는다. 써니는 장난감을 가지고 놀 때 웃고 우리를 반길 때 웃는
다. 꼬리를 흔들며 몸을 곧게 뻗고 빙글빙글 돌며 재채기도 한
다. 나와 아내는 가슴 아픈 현실에 직면할 때마다 함께 웃는다.
우리는 몸을 흔들거나 기지개를 켜거나 재채기는 하지 않지만,
그저 웃는다. 치매는 무섭고도 낯선 병이다. 웃을 일이 없다. 아
니, 이 자체가 웃긴 일인가?

　웃음은 다양하다. 비웃는 웃음, 풍자의 웃음도 있지만 거기
에는 행복이 서려있지 않다. 무의식적 습관인 틱과 같이 긴장

가득한 웃음이다. 거기에는 기쁨도 없다. 그런데 주님도 이 차가운 웃음을 가지고 계시다.

악한 자, 이를 갈며 의인을 모해하려 할지라도
야훼, 그 끝날을 보시고 비웃으신다. (시 37:12~13)

주님은 자신을 거부하는 헛된 노력을 보시며 실소하신다. 이는 사디스트가 아닌 이상 그 누구도 듣기를 원치 않는 웃음이며 주님도 이 웃음을 달가워하지 않으신다.[81]

조롱하는 웃음은 잠언을 비롯한 다양한 기도문에서 언급된다. 그 웃음은 재미있지도 경건하지도 않다.

잘난 체 우쭐대는 사람을 거만한 자라 한다. 그런 사람은 남을 깔보며 무례한 짓을 한다. (잠 21:24)

조소하는 사람은 조롱하는 사람과 같다.

복되어라. 악을 꾸미는 자리에 가지 아니하고 죄인들의 길을 거닐지 아니하며 조소하는 자들과 어울리지 아니하고 (시편 1:1)

기독교인은 항상 기뻐해야 하지만 거만하고 못된 영혼의 비웃음으로 성경의 생각을 조롱하거나 조소해서는 안 된다.

유머는 상대방의 웃음을 이끌어낼 뿐만 아니라 미소, 상황을 받아들이게 하는 지혜도 이끌어낸다. 농담은 대화에 참여한 이들의 기분을 전환하게 한다. 대학 시절, 나는 친구를 위해 몬티파이썬Monty Python의 '브론토사우루스에 관한 엘크의 이론'Ann Elk's Theory of the Brontosaurus 편을 녹화해 준 적이 있다.[82] 내 친구는 영상의 절정 부분에서 큰 소리로 웃으며 의자에서 뛰어내렸고 바닥에서 뒹굴었다. 위험해 보이는 이 행동을 친구는 무의식적으로 했으리라. 유머는 정말 힘이 세다.

철학자와 심리학자, 그리고 다른 이들은 유머의 속성과 원인에 대해 의문을 제기했었다. 프로이트Freud는 유머가 무의식적이며 유쾌하지 않은 생각의 표현이라고 말했다. 프로이트 학파야말로 유쾌함하고는 거리가 멀다. 우리는 유머의 본질에 대한 더 나은 조언이 필요하다.

나는 사실 유머가 두렵다. 아우구스티누스가 시간에 대해 『고백록』The Confessions에 썼듯이, 나는 유머가 무엇인지 설명해달라는 요청을 받기 전까지 유머에 대해 매우 잘 알고 있다고 생각했다. 유머는 재미있고 심각하지 않으며, 근심과 슬픔이 없고, 멍청하지 않은 무언가다. 하지만 유머에 대한 정의가 거기서 끝난 건 아니다. 유머를 이해하는 데 도움을 주는 세 가지 이론을 모두 살펴볼 필요가 있다.[83]

'우월 이론'Superiority theory은 유머가 자신의 아래 위치해 있는 누군가를 비웃는 데 목적을 두고 있다고 설명한다. 셰익스피어는 이 분야의 전문가였다. 그가 뚱뚱한 사람을 비웃을 때 사용한 문장은 여기저기서 회자된다. "이 세상에서 그렇게 엄청난 무게를 짊어질 수 있는 아틀라스는 또 없을 것이다."[84] 윈스턴 처칠과 자주 대결을 벌인 아스토어 여사는 처칠에게 "당신이 내 남편이라면 당신이 마실 차에 독을 넣을 거요"라고 말했다. 처칠은 이에 응수했다. "여사님, 당신이 제 아내라면 제 차를 대신 마셔줄 겁니다." 조롱은 재미있을 수 있지만 그게 유머의 본질은 아니다. 우리는 비웃음 없이도 웃기 때문이다.

'부조화 이론'The incongruity theory이란 것도 있다. 유머는 세상에 존재하는 이상하고 예상할 수 없는 재미를 발견하게 한다. 이는 두 의미를 병치해 이중적인 의미를 드러냄으로써 이뤄진다. 영화 〈핑크 팬더〉Pink Panther에서 피터 셀러스는 호텔 로비에 있는 작은 개를 바라본다. 그가 안내원에게 "당신 개는 뭅니까?"라고 묻자 안내원은 "아니오"라고 대답한다. 셀러스가 그 개를 만지려 하자 개는 그의 손을 문다. 그는 화를 내며 "안 문다고 했잖아요!"라고 따지니 안내원은 천연덕스럽게 대답한다. "이건 제 개가 아닌데요."[85] 유머는 우리를 예상되는 하나의 길로 이끈 다음, 예기치 못한 다른 방향으로 끌어당긴다. 우리는 그때 웃는다.

마지막 이론인 '안정 이론'The relief theory은 유머가 예상치 못한 방식을 통해 억압된 공포를 줄여준다고 주장한다. 복음에 관한 설교를 전하기 전의 나는 항상 긴장해 있다. 설교를 전하기로 돼 있던 어느 날, 설교에 앞서 두 명의 여학생이 단상 곁으로 올라와 성경과 관련된 춤을 선보였다. 그런데 그 모양새가 조금 우스꽝스러웠다. 춤이 끝나고 나는 강단에 올라섰는데, 설명할 길 없는 안도감을 느꼈다. 환호하는 청중을 보며, 나는 유머 하나 없이 진지한 설교를 편안하게 전했다.

하지만 우리의 유머 대부분을 차지하는 것은 비웃음이다. 사람들은 잘못된 것을 향해 비웃는다.[86] 그 웃음은 사악하지만 재기 넘칠 수 있다. 유머를 통해 휠체어에 앉아있는 사람을 놀리거나 그에게 미소를 선물하여 휠체어라는 피할 수 없는 장애물을 잊게 할 수 있다. 유머는 양날의 검이다. 유머는 우리 마음을 열거나 닫게 만들 수 있다. 아내의 상태 자체는 하나도 웃긴 게 없다. 아내의 상태를 유머로 승화하려 한다면 그 자체로 가학적인 일이 될 것이다. 그러나 우리는 유머를 통해 최악의 상황에서도 현실을 새롭게 보는 방법을 발견할 수 있다.

유머가 없었다면 아내와 나는 지금보다 더 비참했을 것이다. 아내가 약해지기 전에 우리는 몇몇 난해한 생각거리들을 두고 활기차고 재치 있는 대화를 나누곤 했다. 미소 넘치는 우리의 대화는 우리 둘만의 특별한 선물이었다. 그러나 이제 그것을 이어갈 수가 없다. 아내의 병이 깊어지면서 유머를 주고받는 일도 줄어들었다. 그러나 가끔 등장하는 유머는 삶을 조금이라도 더 활기차고 즐겁게 만든다.

누군가에게 유머는 훌륭한 탈출구다. 불쾌하거나 비열하거나 멍청하지 않은 유머는 사람들을 새롭게 환기시킨다. 나와 아내는 더 이상 유창하게 유머를 주고받을 수 없지만 우리는 여전히 웃음을 잃지 않았다. 우리는 때로 〈사인필드〉^{Seinfeld}라는 옛날 영화를 보며 크게 웃거나 써니가 자기 밥을 먹기 전에 공중으로 힘껏 뛰어오르는 모습을 보며 미소 짓는다. 우리는 써니가 집 주위를 빠른 속도로 뛰어다니는 걸 좋아한다. 눈으로도 따라잡을 수 없을 만큼 빠른 써니의 속도는 나와 아내 모두에게 웃음을 선물한다. 이 웃음들은 아내의 기억력과 언어능력, 행복감의 상실을 잊게 해준다.

유머에 관한 한 기억이 떠오른다. 그때는 아내가 병을 확진받지 않았었다. 아내는 머리를 손질하고 집으로 돌아오던 중에 길을 잃었다. 결국 아내를 찾긴 했지만 깊은 충격을 받았다. 다음 날 나는 혼란스럽고 자책하는 마음으로 설교를 전해야 했다. 하지만 놀랍게도 내가 전하는 메시지는 부드럽게 정련되어 나갔다. 심지어 평소보다 여유있고 유쾌하기도 했다(너무 과하지는 않았길 바란다). 이런 경솔함이 내 마음 속에 자리잡았다는 게 얼마나 이상한가. 하지만 아내의 치매 초기 증상에도 불구하고 나는 유머를 놓아버릴 수 없었다. 웃음은 눈물보다 강한 법이니까.

또 다른 종류의 유머는 상실을 떠올리게 한다. 하지만 이는 조롱과는 거리가 멀다. 이를테면 '블랙 유머', '기분 나쁜 유머'라고 말할 수 있을까? 이 유머는 죽음과 쇠퇴 앞에서도 꺾이지 않으며, 우울한 정신을 흔들어 깨운다. 온라인 옥스퍼드 사전은 이를 '절망적이고 희망 없는 상황에서 전해지는 우울하고 아이러니한 유머'[87]라고 정의한다.

　아내가 노인행동건강센터(이하 '센터')에서 집으로 돌아온 후 우리는 센터에서 지냈던 시간에 대해 가끔 이야기 나눈다. 그럴 때면 우리는 센터를 '재밌는 농장'이라 부르고 환자들을 '갇힌 농부'라고 비유하며 이야기를 나눴다. 심각한 정신 질환을 가진 사람들을 치료하는 시설을 그렇게 유머의 소재로 삼는다. 물론 아내 역시 센터에 있을 때보다 지금 더 많이 웃긴 한다.

　정신 건강을 위한 시설들에 대해 대대적인 조사를 행한 어빙 고프만[Irving Goffman]은 이 시설들이 '전체주의' 제도 형태를 띄고 있다고 주장했다. 선택의 여지가 없었을 것이다. 식사하고 잠을 자고 모이는 시간은 한 개인에 의해 결정될 수 없다. 한 사람이 원할 때 오고 원할 때 나가는 게 불가능한 시설이다. 누군가의 뜻과는 달리 시설의 문은 시간이 되면 잠길 것이다.[88] 아내가 센터에 처음 입소했을 때 아내의 친구 사라와 나는 아내를 방문했다. 우리는 간호사에게 문을 열어달라고 요청했다. 긴 복도를 통과했을 때 사라가 물었다. "우리 뒤에서 따라오던 사람 봤어요?" 뒤에서 어떤 이가 우리를 따라오려 했다는 것이다. 그는 입원한 환자였고, 우리를 따라 도망치려 했던 것이다.

　아내가 말을 잃어가는 탓에 주로 내가 '재밌는 농장'과 '갇힌 농부'들에 대해 이야기하는 사람이 됐다. 수년 동안 일구어진 우리의 친밀함은 다른 이에게는 줄 수 없는 유머라는 자유를 선사했다. 아내와 예전처럼 대화를 나눌 수는 없지만 나는 그녀를 여전히 받아들일 수 있고, 함께 웃을 수 있다.

식탁에 놓인 음식을 입으로 가져오는 일조차 아내에게는 혼란스러운 일이 될 수 있다. 나는 아내가 접시를 얼굴 가까이에 바짝 대고 음식을 먹는 모습을 여러 번 보았다. 그때마다 접시 가까이 다가가서 "접시야. 얼마나 더 가까이에 있어야 한다고 생각하는 거야?"라고 농담했다. 그러자 아내가 베시시 웃는다. 아내는 자신의 포크와 나이프를 두고 이 도구들이 무슨 용도로 사용되는지 기억하지 못한 채 고민하기도 한다. 나는 그 모습을 보고 "정말, 내리기 힘든 결정이야. 그렇지?"라고 아내에게 말한다. 우리는 아직 웃을 수 있다. 아침을 먹는 동안 아내는 도구들을 제쳐둔 채 손으로 감자튀김을 집어 먹기 시작한다. 자신이 무엇을 잘못하고 있는지 전혀 깨닫지 못한 채 말이다. 그럼 나는 말한다. "이제 포크한테 눈길조차 안주네. 너무한 거 아니야?" 우리는 웃는다. 난 그녀가 나를 따라 웃는 게 아니라 나보다 먼저 웃는다는 사실을 안다. 그걸로 충분하다.

어느 날 저녁 식사를 한 뒤 나는 식탁 위에 크림을 바른 파이 조각을 남겨두고 책상으로 가 서류작업을 했다(내가 서류작업을 한다는 것 자체가 웃기긴 하다). 아내는 파이 조각을 들고 나에게 왔지만 포크가 없었다. "포크 어디 있어?" 혼란스러워 하는 그녀에게 모른다고 답했다. 아내를 데리고 주방으로 가 식기구 서랍을 열어 거기에 가지런히 놓인 포크와 나이프를 가리키며 말했다. "와, 여기 올망졸망 다 숨어있었네." 우리는 다시 웃었다.

아내와 나는 올리브 정원이 꾸며진 식당에서 이른 저녁 식사를 즐기곤 했다. 우리는 비교적 선한 영혼을 갖고 있었고, 서로를 향해 웃음을 건넬 수 있었다. 나는 "술에 취하면 당신이 정상으로 돌아오지 않을까?"라고 물었다. 아내는 미소 지었고, 나는 말을 이었다. "지미 헨드릭스가 그랬다는 거야. 환각제를 먹었더니 잠깐 정상으로 돌아왔다고 말이야. 원래 그 사람 이상하잖아." 이번엔 아내가 크게 웃었다. 나는 아내가 음식을 이상하게 먹는 모습을 바라보며 웃었다.

사실 우리가 맞닥뜨린 모든 일은 심각하다. 그러나 그 심각한 상황도 우리가 맺고 있는 단단한 공감대, 관계를 해칠 수는 없다. 그 안에서 웃음이 피어난다. 정원을 나오면서 우리는 우리 또래의 한 부부가 식사하는 모습을 보았다. 나는 아내에게 "여보, 그거 알아? 아까 본 그 부부보다 우리가 훨씬 더 많이 웃고 떠들어 댔어." 아내와 내게는 기쁨을 느끼는, 그리고 그 기쁨을 나누는 존재에 대한 공감이 풍성하게 남아있었다.

이제 아내의 유머는 예전처럼 세밀하지 않다. 그러나 그녀의 다른 두뇌 활동보다는 유머가 더 온전하게 작동하는 듯 보인다. 눈물이 웃음보다 훨씬 더 자주 보이고, 절망어린 떨림이 유쾌한 웃음보다 훨씬 더 흔하지만, 아내의 웃음은 아직 살아있다. 나는 내가 할 수 있는 일을 할 것이다. 비록 간절하게 붙들어도 언젠가 사라진다 하더라도.

15

강아지, 치매,
그리고 우리

써니는 골든두들이다. 나는 이 강아지가 치매로 인해 인생 최악
의 순간을 맞이한 아내와 나에게 위안과 즐거움을 주기 위해 주
님께서 주신 선물이라고 생각한다. 아내가 센터에 5주 동안 입
원해 있었을 때 만났던 강아지들은 치료를 위해 훈련돼 있었다.
그 개들은 심지어 관심을 보이는 사람에게 공손히 건넬 명함도
가지고 있었다. 써니는 훈련받은 치료용 강아지는 아니지만 난
써니를 "최고의 카운슬러"라고 부른다.

   아내가 퇴원한 지 1년 즈음 되었을 때, 아내는 이제 혼자 써
니와 함께 산책을 나갈 수 있었다. 하지만 나는 써니의 옷에 "도
와주세요. 우리 엄마는 치매를 앓고 있어요"라는 문구가 적힌

인식표를 달아 두었다. 뒷면에는 내 연락처를 적어 놓았다. 어느 날 아내와 써니가 경찰차를 타고 집에 돌아온 이후 둘이서만 나가던 산책은 그만두게 됐다.

나는 강아지를 사랑한다. 기독교인인 나는 성경에서 개라는 종에 대한 내용을 발견했을 때 깜짝 놀랐다. 너무 과한 의미부여일까? 언젠가 써니마저 잃는다면 모든 것이 힘에 부칠 것만 같다. 너무 감성적인 것일 수도 있겠다.

개는 성경 속에서 인기도 없고 칭찬받지도 못한다. 전도서 저자는 "죽은 사자보다 살아 있는 강아지가 낫다"라고 전한다.[89] 개가 사자보다 낫지만, 그 사자는 죽어 있고 개는 여전히 짖어댈 뿐이다. 다윗은 사울과 싸울 때 이렇게 말한다.

'악인에게서 악이 나온다'는 옛 속담도 있지만, 저는 임금님께 손 댈 생각이 없습니다. 이스라엘의 대왕께서 누구를 찾아 이렇게 출 동하셨단 말씀입니까? 누구를 추격하시는 것입니까? 죽은 개 한 마리를 쫓아오셨습니까? 벼룩 한 마리를 쫓아오셨습니까? (삼상 24:14~15)[90]

다윗이 강아지를 좋아하지 않았음은 분명한 것 같다. 그는 개와 함께 '인간의 가장 친한 친구'인 벼룩을 지목하고 그 어떤 해충과도 엮이는 것에 진저리친다. 그렇다. 성경에서 누군가를 "개"라고 부른다면 그 사람이 평판이 나쁘거나 안 좋다는 것을 의미한다.

시로페니키아 여인이 귀신 들린 딸을 고쳐달라고 예수께 간청하는 장면에서, 예수는 도움을 베풀기를 거절하시면서 자신이 이스라엘의 잃어버린 양을 위해서 보내진 존재라고 전하신다. 그리고 이렇게 말씀하신다.

자녀들이 먹을 빵을 강아지에게 던져주는 것은 옳지 않다. (마 15:26)

여인은 울부짖는다.

주님, 그렇긴 합니다마는 강아지도 주인의 상에서 떨어지는 부스러기는 주워 먹지 않습니까? (마 15:27)

이름 없는 이 여인은 "강아지"라는 모욕적인 말까지 하시는 예수의 마음을 자녀에게 도움이 되는 방향으로 바꿨다. 예수는 그녀의 믿음을 칭찬했고 그녀의 소망에 응답하셨다. 우리는 이 구절들에서 당시 어떤 개들은 사람들에게 길들어져 있었고 그중 몇몇은 빵 조각을 얻어먹을 수 있다는 사실도 알 수 있다. 마치 써니처럼.

하지만 써니는 하찮은 개가 아니다. 이 강아지는 주님께서 주신 선물이다. 아내, 그리고 써니와 헤어지는 일은 상상조차 할 수 없다. 언젠가는 그날이 오겠지만 가능한 한 오래 그들 곁에 머물고 싶다.

아내와 나는 2012년 한 친구의 조언으로 개를 키우기로 결심했다. 시베리안 허스키와 저먼 셰퍼드의 혼종 격인 강아지를 키우려 했었다. 하지만 아내는 이전까지 알지 못했던 여러 알러지가 강아지로 인해 일어난다는 사실을 알았고, 개를 키우기 시작하면 관리하기가 매우 어렵겠다고 판단했다. 나는 애타게 원했지만 포기할 수밖에 없었다.

그러다 동물훈련사인 사라가 이 상황을 해결해 줬다. 그녀는 두뇌가 명석하고 털이 많이 빠지지 않는 품종을 찾아줬다. 골든 리트리버와 스탠다드 푸들이 섞인 골든두들이었다. 우리는 사육사를 통해 어린 강아지들을 소개받았고, 그중에서 가슴에 흰 줄무늬가 있어 흰둥이라고 불리는 8파운드 무게의 강아지를 지켜봤다. 그 강아지가 우리 마음을 빼앗았다. 흰둥이는 작은 이동함에 담겨 덴버 국제공항에 도착했다. 나는 강아지 이름을 고민하다가 테너 색소폰 재즈 연주자인 써니 롤린스^{Sonny Rollins}의 이름을 따서 써니라고 이름 지었다(아내는 존 콜트레인^{John Coltrane} 때문에 트레인이라는 이름은 거절했다). 써니라는 이름은 음악가보다 이 강아지에게 더 잘 어울리는 듯했다. 나중에 알게 된 사실이지만 써니는 다른 강아지에 비해 훌륭한 턱과 큰 귀를 갖고 있었다.

사라는 우리가 써니에게서 얻을 게 많다고 설명해 줬다. 아내가 치매 확진을 받지 않았을 때도, 우리는 아내의 상태가 점점 나빠지고 있음을 알았다. 우울과 불안, 이전에는 보지 못했던 느낌이 인생에 새어 들어오기 시작했다. 나는 친구에게 어떻게 결혼생활을 유지할까 고민하기보다 아내를 돌보는데 매진하겠다고 말했다. 우리에겐 자녀도 없다. 부모님들도 예전에 돌아가셨기에 우리는 도움받을 사람이 마땅치 않았다. 그러던 때 써니가 찾아 온 것이다.

너무 감정에 치우치는 태도는 동물, 특히 애완동물을 주제로 둔 진지한 글쓰기를 방해한다. 철학자들은 인간의 특유한 감정과 생각이 동물들에게도 있다고 오해하는 감정적 오류에 대해 이야기했었다. 예를 들어 강아지가 침묵하는 것은 우리에게 말을 하게 하는 신호로 여겨진다. "강아지가 재미없어 하나 봐." 하지만 이러한 태도는 강아지 무리에서 뛰어난 지능과 후각을 자랑하는 행동일 수 있다. 동물에 대한 인간의 복화술은 그럴 듯하지만 과연 그런 시도가 성공적일까? 개들이 무슨 생각을 하는지 우리는 알 수 없다. 훈련된 사육사들은 강아지들의 정신적, 정서적 상태를 추측할 수 있게 특정한 행동과 표현을 설명해줄 뿐이다. 강아지를 온전히 이해했다고 말하기는 쉽지 않다.

그렇지만 나는 "나도 강아지였으면 좋겠다"라고 말하기도 한다(당신도 그럴 수 있겠다). 제정신이 박힌 이스라엘 사람이라면 절대 그럴 리 없지만, 오늘날 개들은 과거에 비하면 훨씬 더 행복한 삶을 사는 것 같다. 명세서를 받을 일도, 버튼을 누를 일도, 죽음에 대해 걱정할 필요도 없으니까.

하지만 난 여전히 궁금하다. 어렸을 적 키우던 강아지가 크게 다쳐 동물병원에 데려간 적이 있었다. 그 강아지는 슬픔과 체념의 표정을 지으며 내 어머니를 바라보았고 어머니는 40년이 지나도록 그 강아지의 표정을 잊지 못하신다. 강아지는 수의사의 품에서 숨을 거뒀다. 어머니는 내게 이 이야기를 하실 때마다 훌쩍이셨다. 앞에서 개들에겐 걱정할 필요가 없다고 말했지만, 이 동물들 역시 출산, 죽음이라는 고통스러운 과정을 거친다. 그러나 그들이 살아있을 동안 보여주는 (재즈 음악가와 같은) 열정은 질투를 불러일으킬 정도다. 수필가이자 강아지 애호가인 제임스 터버^{James Thurber}는 "인간은 '개꿈'이라 불리는 특정한 충동으로 괴롭기도 하면서, 동시에 개처럼 걱정 없이 속 편하게 충동에 이끌리기를 원한다"[91]고 적었다.

강아지를 철학적으로 해명하려는 시도의 또 다른 함정은 이기주의다. 개들은 자신들에게 잘해주는 주인을 무조건적으로 사랑한다. 개들은 주인의 실수를 빠르게 용서한다.[92] 히틀러의 애견 져먼 셰퍼드 브론디를 떠올려보라. 히틀러는 수백만 명의 인간들에게 이루 말할 수 없는 악행을 저지른 인물이지만 동시에 자신의 개를 극진히 사랑했던 인물이다. 자신이 세계대전에서 패했음을 알게 되었을 때 그가 벙커로 데려가 함께 숨을 거둔 생명체는 자신의 정부 에바 브라운^{Eva Braun}뿐만이 아니다. 그의 개, 브론디 역시 함께 숨을 거뒀다. 개를 향한 우리의 사랑은 지극히 인간중심적일 수 있다. 우리는 강아지들이 우리와 마찬가지로 사랑할 수 있는 능력, 그에 필요한 분별력을 갖고 있다고 생각한다. 하지만 그럴 때마다 브론디를 기억하시라.

써니는 자신을 돌봐주고 자신과 함께 놀아주는 사람들에게 큰 기쁨을 주었다. 덴버 공항에서 우리가 이 강아지를 안고 있을 때 나이가 지긋한 어느 부부가 써니를 보기 위해 다가왔다. 남자는 써니를 10분 동안이나 이리저리 바라보며 미소 지었다. 여자는 우리에게 쓰다듬어 주면 가장 좋아할 만한 곳이 어디인지를 알려주며 기뻐했다.

당연히 모든 강아지, 그리고 대부분의 어린 동물은 귀엽다. 강아지의 귀여움은 고통을 덜어주기도 하고 위안을 주기도 한다. 깊이 생각해 보자면 그 '귀여움'이란 무엇인가? 우리 중 대다수는 무언가 귀여운 대상을 볼 때 그 감정에 동의하지만, 어떤 이는 그에 동의하지 않을 수도 있다. 귀여움은 우리를 무장해제시키고 웃게 하며 달콤한 소리를 내게 한다. 귀여운 대상을 바라보는 일과 고통을 느끼는 일은 동시에 일어나지 않는다.

개들은 본능적인 존재인 만큼이나 문화의 산물이기도 하다. 주님은 생물을 다양한 종으로 창조하셨다. 나는 '개'canine가 한 생물 종을 뜻하면서 동시에 성경적인 하나의 뜻을 갖고 있다고 생각한다. '개'는 다양한 동물을 포괄한다. 생물 종의 유전학은 큰 유연성을 허용한다. 티컵 강아지와 세인트 버나드는 그들의 조상인 늑대와 마찬가지로 모두 개과 동물이다. 이 다양성은 자연적인 선택보다는 인위적인 선택에서 기인했다. 개는 말이나 다른 동물들처럼 어떤 목적으로 인해 선택적으로 번식됐다. 그들은 곰이나 문어와는 달리 길들여진 것이다.[93)]

우리는 주님의 형상에 따라 만들어진 존재이기에 동물을 길들인다.[94)] 무생물이든 살아 움직이는 생물이든, 창조물을 다스리고 양육하는 것은 우리 인간의 본질이다. 주님의 권위와 계시에 따라 주님이 주신 은총을 통해 하는 일들이다. 모든 동물은 주님의 피조물로서 가치를 지니고 있다. 주님께서 인류 이전의 생명체들에게 "보기 좋았다"라고 극찬하셨기 때문이다.[95)] 동물들은 사람들에게 좋은 선물이 될 수 있고 사람 역시 동물들에게 좋은 선물이 될 수 있다.

마음이 바른 사람은 가축의 생명도 돌보지만 악한 사람의 뱃속은
잔인하다. (잠 12:10)

동물에 관한 발전된 신학 이론을 접한 적은 별로 없어서 강아지에 대해 몇 가지 글을 적었었다. 먼저 개는 유전적으로든 실존적으로든 얼마든지 변형 가능한 본성을 가지고 있다. 고대 시대 팔레스타인에 살던, 다른 동물들과 뒤엉켜 떠돌며 스스로 부양해야 했던 개들은 귀엽지 않았을 것이다. 심지어 위험했을 수도 있다. 위생적이지도 않았을 것이다. 성경 속의 개는 훈련, 수의사, 인류의 사회가 존재하기 전부터 있었다. 이러한 사실이 성경 속에 등장하는 개에 대한 혹평을 이해하는 실마리가 될 수

있겠다.

그리고 개들을 번식시키는 것은 이 창조세계를 개발하고 경작하라는 주님께서 우리에게 주신 소명에 응답하는 일이다.[96] 인간은 오래전부터 사냥할 때 도움을 얻기 위해 늑대를 길들였다. 개들은 번식하고(푸들), 추적하며(블러드 하운즈), 양을 몰고(보더콜리), 보호하며(불 마스티프), 운반하는(썰매 개) 등 여러 일을 해왔다. 오늘날의 개들은 사람들에게 안정감과 친밀함을 선물한다. 나의 첫 번째 강아지는 본래 썰매를 끌던 시베리아 허스키 종이었지만 내가 기르던 당시에 운반에 도움을 준 적은 단 한 번도 없다. 써니는 위안을 주는 강아지로 우리 곁에 있다.

마지막으로 성경 속 인물인 야고보는 우리에게 구원과 다른 모든 것을 통해 주님의 자비를 깨달으라고 말한다. 개들은 그 자비의 한 부분일 수 있다.

나의 사랑하는 형제 여러분, 속지 마십시오. 온갖 훌륭한 은혜와 모든 완전한 선물은 위로부터 오는 것입니다. 하늘의 빛들을 만드신 아버지께로부터 내려오는 것입니다. 주님, 아버지는 변함도 없으시고 우리를 외면하심으로써 그늘 속에 버려두시는 일도 없으십니다. 아버지께서는 뜻을 정하시고 진리의 말씀으로 우리를 낳으셨습니다. 그래서 우리는 모든 피조물의 첫 열매가 된 것입니다.

(약 1:16~18)

훌륭한 강아지는 창조주의 특성, 특히 무조건적인 사랑을 희미하게 반영한다. 써니는 우리를 빠르게 용서하고 우리의 기분을 빈틈없이 느끼며 우리가 절망할 때 적극적으로 위로한다. 써니의 사랑은 우리의 고통을 덜어준다.

써니가 보여주는 사랑은 주님의 사랑을 닮았다. 최선을 다하는 써니는 우리를 섬세하고 다정하게, 사랑으로 우리를 자극한다. 이 강아지는 나를 무조건적으로 신뢰한다. 이는 신을 향한 우리의 믿음이 어떤 모습이어야 하는지를 보여준다. 마틴 루터는 ('얼뜨기'와 동의어인) "톨펠"이라는 개를 키웠다. 루터는 자신의 개에게서 자신이 그토록 열망하던 믿음의 모습을 보았다. "이 개가 먹이를 앞에 두고 있을 때 보이는 태도처럼 내가 기도할 수 있기를. 이 강아지는 먹이에 자신의 모든 생각을 집중한다. 그 외에는 어떠한 다른 생각, 희망, 바람도 없다."[97] 우리는 강아지에게서 현재를 깊이 즐기고 내일을 걱정하지 말라는 가르침을 배운다(비록 써니는 수의사와의 만남을 걱정하긴 하지만). 존 호만스[John Homans]는 이 점에 대해 이렇게 썼다.

강아지가 보이는 이 순간의 상태는 너무도 고무적이다. 인간은 이 상태에 도달하지 못한다. 강아지는 가장 힘든 시기에도 풍성하고 즐거운 경험에 열려 있다. 강아지는 그 경험들이 결국 죽음을 향해 있음을 알지 못한다. 다리가 세 개뿐인 내 강아지는 자신의 다리가 세 개라는 사실을 알지 못한다. 혹은 그것이 문제가 된다고 생각하지 않는다. … 그 강아지는 이 상태 뒤편에 무언가 도사리고 있다고 여기지 않는다. 그 자체를 받아들인다.[98]

아내와 나는 우리가 처한 상황을 잘 알고 있다. 동시에 우리는 써니와 함께 보낸 즐거웠던 순간들을 기억한다. 강아지와 함께 쉬는 동안 우리는 기억 상실이나 언어 상실에 대해 걱정하지 않는다. 간병인의 도움으로 살아가는 것에 대해, 상태가 더 나빠져서 더 필요로 하게 될 어떤 것들을 고민하면서 고통스러워하지 않는다.

물론 어떤 사람들은 알레르기를 걱정하거나, 개보다는 고양이를 좋아하는 마음 때문에 동반자로서의 개를 거부할지도 모르겠다. 그럼에도 개는 많은 이들이 절망 속에 허우적거릴 때 용기를 북돋아주고, 앞으로 다가올 유쾌하고 흥미로운 세상을 바라보도록 하는 존재다.[99]

16

아내와
대화하는 법

어른들은 대개 아이들한테 평소와는 다른 방식으로 이야기한다. 하지만 우리 부모님은 그렇지 않았던 것 같다. 그분들은 사교적이셨고 나는 형제가 없었기에 대부분의 시간을 어른들 사이에서 어울리며 자랐다. 어떤 파티에서 어른들이 날 놀려 괴로워했던 기억이 난다. 나는 어렸지만 뭔가 말해야 한다고 생각했다. 파티 동안 튀는 손님으로 남아있고 싶지 않았다. 귀엽다며 장난스럽게 대하는 어른들의 말을 나는 느낄 수 있었다.

이런 기질은 나이가 들어서도 남아 있었다. 4학년인가 5학년일 때 교실에서 영화를 함께 봤다. 딱 봐도 어린아이들이나 주의를 집중할 만한 시시한 영화였다. 영화의 해설자는 "여러분, 이게 뭘지 알고 싶죠?"라고 말했다. 나는 짜증이 섞인, 그리고 단조로운 목소리로 "알고 싶지 않은데요"라고 말했다. 아이들이 키득댔다. 사실 내가 뱉은 말의 뜻은 "나를 무시하지 마. 나는 내 생각대로 판단하고 살 거야"였다.

아내가 병을 진단받은 후 나는 아내의 주변 사람들이 이전과는 다른 방식으로 말하기 시작했다는 걸 알게 됐다. 치매가 가져오는 우둔함은 누구도 감당하기 벅차다. 문이 한번 닫히고 나면 다시 문을 열거나 그 안으로 들어갈 수 없다. 알겠지만, 아내는 과거 멘사 회원이었고 책을 두 권이나 쓴 저자였으며, 나보다 더 똑똑했던 사람이었다. 그런데 이제 사람들은 그녀를 앞에 두고 목소리를 지나치게 높여 말하는 경향을 보이기 시작했다 (아내의 청각에 이상이 없는데도 불구하고 말이다). 사람들의 어조는 단조로우면서도 날카롭고 매우 높아져만 갔다. 그리고 동시에 사람들은 아내에게 '자기', '내 사랑'같은 어색한 애정 표현을 하기 시작했다.

아마도 최악인 건 아내가 이 구불구불하고 불편한 여정 중에 '미스 베키'라는 매우 어색한 칭호를 얻었다는 것이다. 어린아이 마냥 우리는 루이지애나 사람이 아닌데도 불구하고 이 어색한 호칭을 들어야했다. 내가 뉴올리언스에 있는 응급실에 갔을 때 간호사는 나를 "더글라스 씨"라고 불렀다. 그래, 그건 그들의 문화다. '미스 베키'는 내가 이제껏 살아왔던 곳이나 덴버의 문화가 아니다. 아이들이나 이런 별명으로 불릴 것이다. "미스 줄

리, 이제 잘 시간이야. 엄마가 책 읽어줄게.” “네, 엄마”라고 말할
때나 평범해 보인다.

　‘깔본다’라는 말은 이럴 때 딱 들어맞는 말이다. 아내는 다
큰 어른이다. 미스 베키라니, 그 어색함을 견딜 수가 없었다. 사
람들이 원래 말하던 대로 말하되 다만 반복하고 고쳐 말하고
요점만 말하는 식으로 이야기를 이어갈 순 없는 걸까? 그럴 수
없다면 깊은 연민을 갖고 대화를 멈춰주었으면 했다. 대화를 멈
추는 것보다 더 나쁜 건 대화하는 그 태도에 담겨 있었다.

　나는 아내를 위해 세상을 해석해야 했다. 또한 다른 이들에
게 아내의 세상을 설명해줘야 했다. 언어적 중재자이자 아내만
의 통역가인 셈이다. 아내에게는 이 세상을, 세상에게는 아내를
연결해 주어야 한다. 우리는 그동안 수많은 의사를 만나왔지만
아내는 그들의 말을 이해할 수 없었다. 내가 의사 대신 아내에게
지금의 상황을 설명해줘야 했다. 의사는 아내에게 질문을 던지
곤 아무 반응이 없으면 나를 쳐다본다. “아내 분이 밥은 잘 드시
나요?” 어떤 의사는 말을 안 거는 것뿐만 아니라 아예 아내의
얼굴을 쳐다보지도 않는다. 아내는 자신이 대화에 끼지 못했을
때 침울한 얼굴을 보였다. 그녀는 말할 수 있는 존재이며 (가능하
다면) 나을 수 있다. 친구가 우리 집에 방문해서 “너희 집 개 알
레르기 일으키지 않니?”라고 써니를 앞에 두고 말했다고 해도
큰 상관이 없다. 써니는 잘 잊어버리니까. 하지만 아내는 다르다.
어떤 사람은 아내를 자기 앞에 두고도 다른 사람에게 아내에 대

해 말한다. "이 사람은 항상 허기져서 식탁에서 벗어나는 법이 없어요." 정신이 멀쩡한 사람이 이런 말을 듣는다면 지울 수 없는 상처를 받게 될 거다. 어떤 조건에서라도 그런 식으로 말하면 안 된다. 우리는 그 자리에 함께 하는 사람을 존엄하게 대해야 한다. 우리가 그러길 포기한다면 장애를 가진 이들의 마음은 산산조각이 난다.

우리는 어린아이에게 말하는 게 아니라 망가진 몸을 추스르려 애쓰는 어른에게 이야기하는 거다. 아내는 아이 같다. 하지만 그녀가 누군가에게 아이처럼 대우받기를 바라는 건 아니다. 아내의 상태는 점점 더 나빠지고 있다. 힘겨운 하루하루를 지나고 나면, 그녀는 다시는 얻지 못할 것들을 잃어가고 있다. 그러나, 그녀는 아이가 아니다. 가엾은 아이를 바라보는 듯한 그 다정한 시선이 불편하다.

그렇다면 이제 어떻게 대화해야 할까? 나는 알려주는 편이다. 다른 이들보다 상태가 점점 더 안 좋아지는 아내에게 세상을 설명하고 안내해 주어야 한다고 생각하기에. 현실을 잊어버리는 사람에게 이 세상의 진실을 전달해야 한다. 참으로 피곤한 일이다. 나는 아내에게 말했다. "차에서 내려서 걷자. 걸어서 박물관에 가자." 애정이 아닌 의무감 때문에 아내의 손을 잡는다. 나는 아내가 상냥하게 세상을 대했던 과거의 순간들을 떠올리려 애쓴다. 그녀는 세상을 (그리고 주님을) 바라보고 내가 그 모든 걸 이해할 수 있도록 도와주었다. 그때 우리는 참 많이 웃었다. 가

노을 지는 무렵 내게 걸어온 말들

끔 아내는 여전히 그런 미소를 짓는다. 내가 운전하고 있을 때는 더듬거리는 목소리로 "저… 저거 봐…"라고 말한다. 구름이야 백만 번도 더 봤겠지만 그런 구름은 처음이었다. 아픈 아내에게 기쁨을 주는 구름. "구름이네." 내가 말했다. "응." 자기 생각에 걸맞은 대상의 이름을 알려주면 아내는 기뻐한다. 하지만 그녀가 편집자였을 때는 내가 생각하는 것을 설명하는 적절한 단어를 그녀가 선정해주곤 했다.

무언가 설명하는 일은 신체적으로 도움이 필요한 아내의 요구와 연결돼 있다. 나는 그녀에게 거품 목욕을 할 거냐고 묻는다. 물을 받아두고 나서 데리러 오겠다고 말한다. 아내는 힘과 세심함을 잃고 있기에 누군가의 도움 없이는 욕실로 들어오기 힘들어했다. 나는 그 두 가지 능력을 담당하고 그녀가 할 수 없는 일을 도맡는다. 이전에는 전혀 상상해 본 적 없는 일들이다. 나는 그녀가 할 수 없는 일을 대신해 주는 사람이다. 마치 우리들에게 있어 그리스도처럼, 나는 그녀의 짐을 떠맡는다. 우리가 절대 할 수 없는 일을 우리 대신 짊어지신 분, 우리를 대신해 죄를 속하시고, 우리의 짧은 생에 의미를 주시며 영원한 삶을 선물하셨던 그리스도. 선지자 이사야는 그분의 희생과 다른 모든 이들의 대리자가 되어주시는 그분을 예언했었다.

그런데 실상 그는 우리가 앓을 병을 앓아주었으며, 우리가 받을 고통을 겪어주었구나. 우리는 그가 천벌을 받은 줄로만 알았고 아버지께 매를 맞아 학대받는 줄로만 여겼다. 그를 찌른 것은 우리의 반역죄요, 그를 으스러뜨린 것은 우리의 악행이었다. 그 몸에 채찍을 맞음으로 우리를 성하게 해주었고 그 몸에 상처를 입음으로 우리의 병을 고쳐주었구나. (사 53:4~6)[100]

오래전부터 약속된 메시아, 예수 그리스도는 어느 것과도 견줄 수 없는 고난으로 우리의 고통과 처벌을 대신 짊어지셨고, 우리에게 평화와 거룩한 삶의 방향을 가르쳐주셨다. 양들은 비로소 목자를 얻었다. 무거운 죄를 진 이들이 용서를 구한다. 피고인은 석방되고 복음이 성취된다. 우리는 그와 똑같은 일을 위임받았다. 바울이 말했듯 "서로 남의 짐을 져주"어 "그리스도의 법"을 이뤄야 한다.[101] 그는 또한 "믿음이 강한 사람은 자기 좋을 대로 하지 말고 믿음이 약한 사람의 약점을 돌보아 주어야" 한다고도 말했다.[102]

나는 아내에게 말하고 아내를 대변한다. 누군가 자신의 이성을 사용해 "예", "아니오"를 답할 수 있는 능력을 갖고 있을 때 사람들은 묻는다. "거품 목욕 하고 싶니?" 그러나 이해력을 잃은 사람들은 대답할 힘이 없다. 보호자는 그때 ① 행동 의지, ② 행동할 수 있는 능력, ③ 이성을 사용한 이해력을 가지고 있어야 한다.

좋든 나쁘든 우리는 언제나 일하고 싶어 한다. 나는 불행에 대처하는 전문성을 높이고자 고통에 관한 책들을 산다. 보호자

　　　　　　　　　　　노을 지는 무렵 내게 걸어온 말들

로서 나는 ① 책을 사기로 결심하고, ② 책을 살 능력이 있고, ③ 책을 살 이유가 있다.

그러나 세상이 무너진다면 이해력은 쓸모가 없어진다. 이성은 사라지고 의지만 남는다. 나는 종종 무엇을 해야 할지 모른 채 이리저리 돌아다니는 아내를 본다. 아내는 자신이 방금 어떤 행동을 했는지조차 기억하지 못한다. 그녀의 뇌는 전두엽에 있는 행동 기능을 상실하고 있다. 행동 기능에는 다음과 같은 능력이 포함된다.

1. 과제를 분석하라.
2. 과제를 해결할 방법을 계획하라.
3. 작업을 수행하는 데 필요한 단계를 구성하라.
4. 과제 완료를 위한 일정을 세우라.
5. 필요한 경우 단계를 조정하거나 이동해서 작업을 완료하라.
6. 제 때에 완료하라.[103)

건강한 사람이라면 다른 형식으로 전달됐을 여러 의미가 부드러운 권유로, 권고로 전달돼야 한다. "거품 목욕 하자.", "써니랑 함께 산책하자.", "올리브 정원 식당에 가자.", "우리 예술 투어 가자." 나는 내 의지를 관철하기 위해 이런 명령들을 내리는 게 아니다. 그녀가 해야 하는 행동을 돕기 위해 그녀에게 내 뜻을 전달하는 것이다. 그녀의 판단과 의지를 대신하는 것이다. 나는 아내가 의미와 기쁨을 발견하기를 바라면서 (대부분 무의미하지만) 무언가에 목적을 부여한다. 그녀의 관점에서 이해할 수 없는 것들은 하지 못하게 한다. 명령보다는 초대에 가깝다. 이런 시도가 성공적이라면, 그녀는 내 지시를 따르고 나는 그녀의 행동을 바로잡는다. 물론 보호자인 나는 그녀가 가장 좋아할 만한 것이 무엇인지를 숙고해서 결정을 내린다. 우리는 일종의 팀인 것이다. 함께 흥미로운 대상을 찾고, 서로 사랑하는 팀 말이다.

내가 다니는 교회의 목회자는 아내와 대화하는 법을 알고 있다. 케이티 목사님은 많은 사람이 모인 곳에서 아내가 편안하게 대화하고 쉴 수 없다는 걸 잘 알기 때문에 직접 우리 집으로 찾아온다. 목사님과 아내, 그리고 나는 성찬식에 함께 참여하며 잠시 이야기를 나눈다. 목사님은 아내의 눈을 바라보고, 어떠한 가식이나 인위적인 행동 없이 사랑을 담아 말했다. 목사님도 아내가 건강하지 않다는 걸 알지만 그렇다고 아내를 차별하거나 멸시하지 않는다.

노을 지는 무렵 내게 걸어온 말들

에피소드

아내가 할 수 있는 일

아내가 계단을 내려왔다. 걱정스런 눈빛을 지닌 아내를 찬찬히 살폈다. 뭔가 도움을 필요로 하거나 곤란한 일이 생겼을 때 하는 행동이기 때문이다. 내가 도움을 줄 수는 있겠지만, 아내가 무엇을 필요로 하는지 알아내는 과정이 쉽지 않고, 때로는 실패하여 우리 둘 다 지치곤 했다. 그래도 이번엔 달랐다.

아내는 미소를 지으며 내게 과자를 먹겠느냐고 물었다. 아내가 쉽게 기억할 수 있는 특별한 장소에 놓아둔 과자였다. 아내가 과자가 있는 장소를 기억한 것에 놀라워하며 고맙다고 말하자 아내는 미소지으며 계단을 올라갔다. 우리는 소박하고 단순한 행동에 기쁨을 느끼곤 한다. 써니는 아마도 내가 과자를 먹는 동안 내 주위를 배회하겠지.

아내는 글쓰기와 편집 일을 더 이상 할 수 없게 되자 뭔가 의미 있는 일을 하고 싶다고 말했다. 나는 도움이 필요한 사람들을 위해 기도하는 건 어떻겠느냐고 대답했다. 아내는 결혼한 이후 내 옷을 세탁하고 다리며 잘 정돈하는 일을 도맡았다. 가끔 내가 옷을 깔끔하게 정리하는 법을 배우고 싶다고 말하면 단호하고도 현명하게 거절했다.

치매에 걸린 뒤 아내는 같은 빨래 거리를 여러 번 세탁했으며, 흰색과 다른 색의 옷들을 함께 넣어 빨았다. 수많은 양말을 잃어버리기도 했다(덕분에 짝짝이 양말을 신어 볼 기회를 얻었다).

실수가 한계치를 넘어서자 세탁은 간병인의 몫으로 돌아갔다. 그럼에도 불구하고 아내는 병원에서 돌아온 이후 예전처럼 욕실을 청소하기도 했다. 의도는 좋았지만 그 시도는 자주 실패했고, 나는 항상 욕실용품이 어디로 사라졌는지 찾아야만 했다. 그렇게 귀찮던 일도 끝났다. 아내는 자신이 할 수 있는 일의 목록을 점차 줄여갔다.

아내는 종종 묻는다. "내가 뭐 도와줄까?" 이 질문은 나를 가슴 아프게 한다. 아내는 나와 써니가 좋아하는 두피 마사지를 해주면 어떻겠느냐고 말한다. 나는 아내의 제안에 응한다. 한때 책을 쓰거나 편집하고 요리를 했던 아내가 이제는 아무것도 할 수가 없다. 그녀 역시 이 사실을 알고 있고, 괴로워한다. 그렇다

노을 지는 무렵 내게 걸어온 말들

고 나는 그녀가 했던 일을 그리워하지 않는다. 그 일을 할 수 있던 당시의 아내가 그리울 뿐.

잠시 동안 아내가 미소지었다. 늘 그렇듯 다시 평정심을 찾았다. 복잡할 것도 없다. 말을 조금 더듬고 행동이 굼뜰 뿐, 내 앞에 있는 이 여성은 내가 사랑하는 나의 아내, 베키다.

고마워, 베키.

나는 늘 기다린다. 아내도 마찬가지겠지. 점점 깊어지는 이 어둠 속에서 우리가 한 줄기 빛을 발견하기를. 언젠가 기쁨과 즐거움으로 그 빛을 맞이하기를.

17

통하지 않는 말

알츠하이머나 치매를 앓고 있는 사람들은 대개 자신들이 무엇을 말하는지 모르면서도 끝까지 말하려는 경향이 있다. 문장가이자 저자이며 편집자이기도 한 아내는 치매 초기에 별 효과도 없이 단어를 찾아 헤맸다. 시간이 지나면서 상태는 악화되었고 앞으로도 나아지지 않을 것이다. 말(단어 혹은 대화)이 그녀와 나를 다른 방식으로 무너뜨리고 있었다.

어느 날 아내는 자신이 입고 있는 옷에 문제가 있는 건 아닌지 위층으로 올라와 봐주기를 바랐다. 아내는 이런 자신의 바람을 "옷"이라는 단어 하나로 표현했다. 나에겐 시간이 없었다. 아내는 자신의 짧은 기억력 때문에 지금 처한 문제를 잊어버릴까 노심초사했다. 그러나 기억은 사라지지 않았다.

내가 아내에게 다가갔을 때, 우리는 우리의 오랜 적(헛된 노력)과 마주했다. 아내의 방으로 들어가 옷에 무슨 문제가 있는지 살폈다. 그녀는 자신의 서랍을 손가락으로 가리켰고 어떤 단어들을 신경질적으로 반복하고 있었다. 그러면서 본래 자신이 말하려 했던 단어와는 점점 더 멀어져 갔다. 아내는 나를 옷장으로 데려갔다. 나는 그녀가 무얼 원하는지 몰랐고 멍하니 옷장만 바라보다가 다시 서랍 쪽으로 돌아왔다. 아내에게 그럴듯한 여러 단어를 말했지만 아내가 바라는 단어를 찾지 못했다.

단어 하나가 우리를 무너뜨리고 있었다. 그래서 나는 범주를 나누며 다시 접근했다. 낡은 옷이냐 새 옷이냐. 캐주얼한 옷이냐 정장이냐. 속옷이냐 겉옷이냐. "아니, 아니!" 아내는 진심으로 좌절하며 몸서리쳤다. '괴롭다'는 말은 이런 상황을 표현하기에는 너무 부드러운 표현이다.

단어들이 아내에게 하듯 나에게도 고통을 가하고 있었다. 어떤 사물을 지칭하는 단어들은 보통 나를 힘들게 하지 않는다. 주로 새롭거나 끔찍한 감정 상태를 표현하는 단어가 난해하게 다가온다. 슬픔이라는 단어를 배우지 말 걸 그랬다. 내가 단어 때문에 당황하게 될 줄이야. 오랫동안 글을 써왔다고 자부하는 나조차도 헛된 노력을 반복하며 단어를 찾아 헤맸다.

나는 피곤한 단어 사냥을 떠나는 탐정인 동시에 상담사여야 했다. 분노를 물리쳐야 했다. 주님은 내게 인내심을 주셨지만 나는 신비로운 명약이 필요했다. 의미를 찾기 위해 모든 단서를 끌어모아야 했다. 게다가 아내를 안정시키기도 해야 했다. 이 모든 게 그녀의 잘못은 아니지만 그녀는 나아지지 않을 것이다. 나는 "당신 옷이 너무 많아. 나중에 다시 이야기하자"라고 애원하듯 말했다. 그녀는 소리쳤다. "싫어!"

어쨌든 숨겨져 있던 단어를 찾아냈다. 반바지. 아내는 반바지가 많지 않았다. 깨끗하게 세탁된 옷이 담긴 바구니에서 입을 옷 대부분을 찾곤 했었다. 바구니에서 옷을 꺼내 아내에게 건네주었다. 하지만 이번에는 충분치 않았던 모양이다. 있는 반바지라곤 전부 캐주얼한 옷들 뿐이었다. 아내는 더 좋은 게 필요했다. "더 좋은 건 나중에 찾고 필요하면 새로 하나 사자." 이 말이 위로가 되기는커녕 좌절감만 선사했나 보다. 아내는 체념하며 머리를 부여잡았다. 이 헛된 노력에 하루의 감정 에너지 대부분을 사용했다.

아내와 나는 한때 올바른 단어와 최고의 문장, 힘 있는 구절을 찾고 골라내면서 살았었다. 1983년부터 이어온 그 일들은 우리를 서로에게 끌리게 했다. 아내는 나의 첫 책을 편집하고 조언해 주었다. 활기찬 목소리로 똑 부러지면서도 유머있게 말하던 사람이었다. 대화는 정말 유익했고, 우리 외에는 아무도 나눌 수 없는 것이었다. 순간순간 그 기억들을 되짚는다(비틀즈의 가사 "Yesterday came suddenly"처럼 어제가 매일 찾아온다.). 아내가 단어를 잃어가는 일은 내게 언어에 대해, 그 상실에 대해 더 많은 생각을 안긴다.

누구든 나락으로 추락하는 상황에서 온전하게, 완벽하게 글을 쓸 수는 없을 것이다. 하지만 누군가는 그런 상황에서조차 완벽한 글을 쓰고자 애쓸 것이다.

나는 설교나 강의할 때 단 한 번의 말실수에도 상심한다. 더 많은 어휘를 익히려 항상 애쓴다. 대학교 1학년 때 교과서에서 발견한 새로운 단어들을 보고 놀라움과 두려움을 동시에 느꼈었다(당시는 인터넷도 보편화되지 않은 원시시대와 같았다). 교과서 속 모르는 단어들에 동그라미를 치고, 1975년 대학에 진학하기 위해 집을 떠날 때 어머니에게 받은 아메리카 헤리티지 사전^{American Heritage Dictionary}을 참고했다(그 사전을 여전히 가지고 있다). 그리고 빈 공책에 새롭게 알게 된 단어와 그 뜻을 적었다. 단어에 단어를 더했고 문장을 늘려 갔다.

그렇게 20년이 지났다. 공책에는 더는 여백이 남아 있지 않다. 약 100쪽 분량의 단어들을 채웠다. 단어의 개수를 세지는 않았지만 수많은 단어를 끊임없이 적어 두었다는 사실만은 분명하다. 가끔 학생들에게 배움의 열정을 불러일으키기 위해 이 공책을 보여주곤 한다.

나는 어휘력을 쌓기 위해 여러 책을 읽었다. 적합한 단어를 찾고 그 단어들을 문법적으로 완벽하게 문장에 넣기 위해서 점점 더 꼼꼼해졌다. 더 잘 쓰고 더 잘 말하라는 까다로운 언어 잔소리꾼 때문에 책을 놓기가 힘들었다. 방송기자 에드윈 뉴먼^{Edwin}

^{Newman}이 쓴 두 권의 책, 『엄격한 말하기』^{Strictly Speaking}, 『시민의 혀』^{A Civil Tongue}는 내 게으른 혀를 나무랐고 완벽한 발음을 구사하도록 격려했다.[104] 당시에 윌리엄 바클레이^{William F. Buckley}가 나오는 〈최전방에서〉^{Firing Line}라는 프로그램을 좋아했었다. 그의 지칠 줄 모르는 위트와 해박한 지식, 공손한 언어로 전하는 명령은 경외감을 불러일으킬 정도였다. 그에 비하면 요새 텔레비전 프로그램은 그저 유희거리에 불과해 보인다.

어쨌든 난 그런 방법으로 글쓰기와 말하기 이론을 발전시켰다. 진리를 올바르게 표현하기 위해 말의 정확성을 높이고 명확한 표현을 사용해야 했다. 이성적인 존재로서 주님은 모든 진리의 근원이시면서 자신을 언어(성경)로 드러내시기 때문에, 또한 우리는 주님의 진리에 대해 지적이고 훌륭한 증언을 전해야 할 사명을 갖고 있기 때문에 언어에 더 많은 관심을 기울여야 한다. 이 숭고한 다짐 아래에는 약간의 자부심이 자리하고 있었다. 나는 영어를 전공해 부단히 갈고 닦은 내 능력, 부지런함을 높게 평가했다(부끄럽게도 다른 언어는 익히지 못했다).

아내 역시 마찬가지다. 그녀도 언어를 사랑하고 존경했다. 우리는 만나자마자 동지애를 느꼈다. 그녀는 종종 내 말과 글을 교정해 줬다. 반대로 나는 그녀의 말이나 글을 바로잡아 준 적이 거의 없다. 그만큼 완벽했다고 말해야겠다. 하지만 이제 언어의 모든 도구, 형식, 사전, 어휘집에 대한 지식은 아내에게 아무런 도움도 주지 못한다. 그녀의 옛 친구인 책들은 이제 내 서재에 꽂혀 있다. 아내의 침실에는 서재도, 어떠한 책도 없다.

진리에 공헌하려 애썼던 아내는 고상하고 풍요로우며 우호적이었던 세상으로부터 소외됐다. 아내는 구성이 흠잡을 데 없고 놀랍도록 조리 있는 문장들을 쓸 수 있었다. 장황하지도 않고 사족이 많지도 않은, 단정하면서도 우아하고 진실이 담긴 글을 써냈다. 그녀의 글은 독자의 인내심이나 지성을 과대평가하지 않는 글이었다. 하지만 이제 그녀가 키보드나 펜을 집는 일은 없다. 그녀는 가장 단순한 단어를 잃지 않기 위해 피 터지는 싸움을 한다. 그리고 말이 없다. 그 많던 단어들은 더는 아내에게 소용이 없다. 아내는 언어의 잔치에서 쫓겨나 굶주린 채 앉아있다.

나는 글이라는 세계의 동반자이자 동역자를 잃었다. 솔직한 마음을 전할 수 있는 주변 사람들에게 아내가 나를 좀 더 나은 작가, 더 나은 강연자, 더 나은 사람이 되게 만든 주역이라고 말했었다. 모든 상황을 바라보며, 나는 아이를 잃어 본 적은 없지만 라헬의 통곡을 이해할 수 있을 것만 같았다.

라마에서 통곡 소리가 들린다.

애절한 울음 소리가 들린다.

라헬이 자식을 잃고 울고 있구나.

그 눈앞에 아이들이 없어 위로하는 말이

하나도 귀에 들어가지 않는구나. (렘 31:15)

물론 나는 다윗 왕이 자신의 어린 아들을 위해 흘렸던 눈물을 똑같이 흘릴 수는 없다. 그의 마음을 온전히 이해하지 못하기 때문이다. 주님은 나단을 통해 다윗 왕의 간통과 살인을 나무라셨고, 다윗과 바쎄바 사이에서 생긴 아이의 목숨을 앗아 가셨다.

다윗은 땅에서 몸을 일으키더니 목욕을 하고, 몸에 기름을 바르고, 깨끗한 옷으로 갈아 입고 야훼의 전에 들어가 예배를 올렸다. 그리고는 집에 돌아와 음식을 차려오게 하여 먹기 시작하였다. 신하들이 물었다. "아기가 살아 계실 때에는 잡수시지도 않고 아기 생각만 하며 우시더니, 막상 아기가 돌아가시자 일어나셔서 음식을 드시니 어찌 된 일이십니까?" 그가 대답하였다. "그 애가 살아 있을 때 굶으며 운 것은 행여 야훼께서 나를 불쌍히 보시고 아기를 살려주실까 해서였소. 아기가 이미 죽고 없는데 굶은들 무슨 소용이 있겠소? 내가 굶는다고 죽은 아이가 돌아오겠소? 내가 그 애한테 갈 수는 있지만, 그 애가 나한테 돌아올 수는 없지 않소?"

(삼하 12:20~23)

나는 조금이나마 다윗 왕의 마음을 이해한다. 치매로 인해 벌어지는 쇠퇴현상은 빠르게 진행되지 않는다. 고통이 속도를 올릴수록 시간은 천천히 흐른다. 그 속에서도 나는 역설을 찾는다. 좌절감은 망각의 발걸음을 따라 고통에 고통을 더하고, 고통이 지난 후에도 더 심한 아픔을 남길 뿐이니 말이다. 하지만 이 여정은 마라톤과 같다. 나의 상담사는 내게 "마라톤을 준비하셔야 해요"라고 말하곤 했다. 아내를 바라보다 보면 나는 이미 지난 좋은 시절들, 아내와 대화를 나누고 기쁨을 나누던 시절로 돌아가곤 한다. 이제 너무나 멀어 보이는 그런 날들이다. 우리는 비틀거리며 영원한 빛에 이끌려 깊은 밤을 향한 황혼을 걸어간다.

이제 그 도성에는 밤이 없어서 등불이나 햇빛이 필요없습니다. 주님께서 그들에게 빛을 주실 것이기 때문입니다. 그들은 영원 무궁토록 다스릴 것입니다. (계 22:5)

그날이 오면 거룩한 모든 생명체는 성경에 기록된 주님의 빛을 찬양하게 될 것이다. 우리는 살아있는 우리의 말, 예수 그리스도를 통해 무너지지 않을 힘을 얻는다. 기쁨에 들뜬 예언자 요한은 말했다.

그 뒤에 나는 아무도 그 수효를 셀 수 없을 만큼 많은 사람이 모인 군중을 보았습니다. 그들은 모든 나라와 민족과 백성과 언어에서 나온 자들로서 흰 두루마기를 입고 손에 종려나무 가지를 들고서 옥좌와 어린 양 앞에 서 있었습니다. 그리고 그들은 큰소리로 "구원을 주시는 분은 옥좌에 앉아 계신 우리 아버지와 어린 양이십니다" 하고 외쳤습니다. 그러자 천사들은 모두 옥좌와 원로들

과 네 생물을 둘러서 있다가 옥좌 앞에 엎드려 아버지께 경배하며

"아멘, 우리 주님께서 영원 무궁토록 찬양과 영광과 지혜와 감사

와 영예와 권능과 세력을 누리시기를 빕니다. 아멘" 하고 외쳤습니

다. (계 7:9~12)[105)

18

의미로의
도피

한때 나는 주어진 현실을 벗어나 다른 곳에서 의미를 찾고 싶었지만 책임을 회피할 수는 없었다. 주님 앞에서 서원했기 때문이다. 이를 친구들과 가족들도 들었다. 나는 내가 한 서원을 지키기 위해 최선을 다하자 다독였다.

그러나 아내가 진단을 받은 후에 내가 그녀를 보살피는 일에 모든 책임을 떠맡을 수는 없다는 사실을 깨달았다. 생계가 걸려 있어서였다. 물론 조기은퇴를 할 만큼 부유하지도 않았다.

이때 나는 철학자로서 만족감, 방향성, 의미를 탐색하기 시작했다. 이는 나의 소명이기도 했거니와 내 업으로부터 도망치고 싶지 않았다. 인생은 계속되고 끊임없이 의미를 건넨다. 이제 그

이야기를 해보자.[106]

내가 가진 직업의 의미를 부정할 수 없다. 나는 '철학자'다. 철학자가 된다는 것은 주님께서 내게 주신 소명이며 내가 쌓아 올린 경력이다. 나의 귀여운 꼬마 친구 리암은 내게 철학자냐고 물었다. "그렇지." 나는 대답했다. "철학자는 무슨 일을 하나요?" 아이가 물었다. "우리는 어떤 일에 대해 깊이 생각하지. 그리고 생각이 다른 사람과 오랫동안 대화를 나누기도 한단다"라고 내가 말했다. 아이는 내 대답에 만족스러워했고, 나도 그 반응에 만족스러웠다.

그러나 철학은 단순한 논쟁이 아니다. 철학은 거친 인생의 변화 가운데 무엇이 마음을 무너뜨리는지 생각하게 하고, 다시 마음을 하나로 모으도록 만든다. 철학은 본래 '얼마나 잘 생각할 수 있는가'를 다루는 학문이 아니라 '어떻게 살아야 하는가'에 대한 답을 찾는 학문이다.

나는 좋아하는 일과 그에 상응하는 직업을 갖게 된 매우 드문 사람이다. 그렇기에 반복되는 일을 하기 위해 자잘한 보상을 찾아야 할 필요가 없었다. 로버트 프로스트 Robert Frost 가 『진흙 시대의 두 뜨내기 일꾼』 Two Tramps in Mud Time 에 썼듯이,

내 삶의 목표는
두 눈이 합쳐져 하나의 시야를 이루듯
나의 기쁨과 생업을 결합하는 것이다.

사랑과 필요가 하나가 되고,

일이 깊은 목적을 향한 놀이가 될 때에만

그 행위는 과연

하늘과 미래를 위한 것이 된다.

나는 내가 좋아하는 일을 하면서 다른 이들에게 도움을 준다. 연구와 교육, 멘토링은 내가 활약하는 분야이기에 이 직장에서 벗어날 필요가 없다. 하워드 헨드릭스Howard Hendricks가 말했듯 내 가르침과 글쓰기로부터 도움을 얻는 사람들을 만나면서 나는 가르치는 일과 글쓰는 일이 내게 주어진 재능이라고 확신하게 됐다. 모든 것을 철학적으로 생각하기를 좋아하지만 항상 철학을 가르치거나 철학에 대해서만 글을 쓰는 건 아니다. 아내를 돌보는 일에도 헌신해야 했다. 가끔은 몸과 마음을 지치게 하는 일들에서 도망치고 싶었다. '의미', 지쳐가는 일상에 숨통을 틔워줄 그 의미가 내겐 필요했다.

미디어 비평가인 마샬 맥루한은 수십 년 동안 눈에 띄게 발전한 기술을 두고 기뻐하지만은 않았다. 그는 "미디어는 메시지다"라는 명언을 남겼다. '지구촌' 역시 그가 만든 말이다. 그는 디지털 시대의 특징을 짚어낸 선각자였다. 맥루한은 보수적인 로마 가톨릭 신자였으며 그가 묘사한 시대의 변화, 특히 이미지의 부상과 텍스트의 쇠퇴를 슬퍼했다. 그는 이러한 추세를 늦추거나 멈출 수 없다고 판단했다. 그에게 있어 위로를 건넨 것은 신앙을 제외한다면 자신의 자서전 제목 그대로 "의미"였다(그는 『의미로의 탈출』 escape into understanding 을 저술했다).[107]

많은 분야에 대해 깊이 연구한 맥루한이 남긴 이 문구는 복잡한 사회 변화를 이해함으로써 우리가 의미를 발견하고 우리 마음에 대한 무자비한 지배에서 벗어날 수 있음을 뜻했다. 윌리엄 블레이크 William Blake 의 말을 인용하자면 "정신이상자의 수감"은 기술이 모든 것을 지배하는 사회로부터 완전히 벗어나게 하지는 못하더라도 조금은 떨어져 지낼 수 있도록 한다. 하나의 철학적 통찰은 수많은 실존적 실패를 극복한다.

나는 나와 상담하는 학생들 중 한 명에게 '의미로의 탈출'이 무슨 뜻을 지니고 있는지 설명했다. 그것은 (20년 전 내가 그랬듯) 그 학생에게 새로운 관점을 열어 주었다. 그는 몇 달 동안 친구들과 내가 말한 내용을 가지고 이야기를 나눴다. 그래, 맞다. 그곳에 무언가가 있다. 깊은 대화만이 거칠고 상처받은 영혼에게 위안을 준다. 그게 나에게도 중요하다.

현실도피, 도피주의자는 칭찬이 아니다. 그러나 "고통과 고난과 벽"을 마주한 우리는 도망쳐야 한다.[108] 추락할 때는 탈출해야 한다. 사람이 항상 쓰레기 속에 머물 수는 없다. 납치당한 사람은 반드시 자신의 상황을 변화시키려 애쓸 것이다. 톨킨 Tolkien 은 「꾸며낸 이야기에 대하여」 On Fairy Stories 라는 글에서 이 심정을 잘 표현했다.

왜 감옥에서 자신을 발견하고 밖으로 나가 집으로 가려는 사람이 경멸받아야 하는가? 만약 그가 탈출할 수 없을 때, 감옥이나 간수가 아닌 다른 주제에 대해 생각하고 이야기한다면 그게 경멸받을 일인가? 죄수는 바깥세상을 볼 수 없기에 언제나 완벽한 현실이 아닌 다른 이야기를 할 수밖에 없다. 비평가들은 이런 식의 탈출을 해명함에 있어 잘못된 단어들을 선택해 왔다. 더욱이 그들은 혼란스러움을 느끼고 있다. 그 감정은 심각한 실수에 의한 것이 아니다. 죄수의 탈출과 탈영병들의 비행 때문이다[109]

소설을 잘 읽지 않는데 톨킨의 이 글을 읽고 나서 『반지의 제왕』The Lord of the Rings을 읽지 않은 것에 죄책감마저 느꼈다. 매일 반복되는 치매와의 싸움에서 나는 '죄수의 탈출', '탈영병들의 비행' 사이의 긴장 속에 산다.

탈영병들의 탈출 방식은 다양하다. 그들은 무언가에 중독되고 강박관념에 시달릴 수도 있다. 비참한 상태에서는 멀쩡했던 마음도 길을 잃는다. 그러나 그것이 행복은 아닐 것이다. 정확한 통계 수치를 갖고 있지는 못하지만 이혼은 종종 배우자에게서의 탈출이다. 만성 질환으로 고통받는 결혼은 절망, 분노, 좌절감의 분출로 이어진다. 나는 "더는 못하겠어!"라는 마음을 무수히 참아왔다. 때로는 하루에도 몇 번씩 그런 생각을 품곤 했다. 별 것 아닌 듯 보이지만 나는 마음으로 절규하기도 했다. 다행인 건 아내가 진단받은 첫 몇 달보다는 비명을 지르는 횟수가 줄었다는 점이다. 나는 누군가를 가르치는 소명을 가진 사람이기에 내 목소리와 영혼을 보호해야 한다. 주님은 귀 기울여 주시리라.

귀를 붙여주신 분이 듣지 못하시겠느냐? 눈을 끼워주신 분이 보지 못하시겠느냐? (시 94:9)

의미로의 탈출을 기억하자. 의미는 여럿이기에 탈출의 형태도 다양하다. 만약 의미를 발견할 수 있다고 생각한다면 문을 열어 젖혀라. 많은 사람은 자기계발을 하거나 취미활동을 하며 여가를 보낸다. 어떤 이들은 포르노 영화를 수집하거나 도박에 매달리는 것같이 도덕적이지 못한 취미를 갖고 있기도 하다. 취미란 남을 방해하거나 해치지 않으면서도 자신의 영혼을 새롭게 해야 한다. 일 속에 파묻히지 않으면서 숨을 고를 수 있는 활동이어야 한다. 우리가 회사에서 놀지 않고, 놀 때 일하지 않는 것처럼 삶의 구역을 분명하게 나눠야 한다. 혹여나 취미에 너무 열중하면 취미는 더는 취미로서의 가치를 지니지 못한다. 강박이 되어 갈 테고 당사자를 망가뜨릴지도 모른다. 열렬한 애호가가 중독자가 되는 순간, 즐거움은 강박에 의해 집어 삼켜진다.

아내의 상태가 더는 나아질 수 없다고 판단될 때, 이 고통 바깥에 있는 의미를 생각하려 한다. 고통 안쪽에 있는, 내가 손쓸 수 없는 의미도 있지만 그 바깥에서 이 고통의 순간들에 가치를 부여하는 바깥의 의미가 있다. 나는 바깥의 의미를 고통에

녹여내려 노력한다. 이 과정은 참으로 느리고 더딘 작업이다. 그러나 모든 이가 항상 운동에 매진할 수 없듯이, 다른 간병인들처럼 나 또한 휴식이 필요하다. 아픈 가족을 돌보는 이에게 휴식이란 다른 무엇보다 중요한 과업일지도 모른다.

사람들은 내게 "재미있게" 읽은 책이 뭐냐고 묻는다. 교수라는 직업 때문에 으레 물어보는 경우도 있다. 하지만 난 내가 읽은 대부분의 책을 좋아했기에 이런 질문이 난감하다. 글을 쓰고 가르치며 설교해 온 내 인생 중에 오아시스와 같은 경험들은 대부분 독서와 연결돼 있다. 또 나의 독서는 소명과도 연결되어 있다. 관심사가 많고 독서 경험이 풍부하다고 해도 나는 허세를 부리거나 거만한 사람보다는 재미있는 사람이길 바란다. 하워드 헨드릭스는 복음을 전할 때 이를 시작하는 가장 좋은 방법은 다른 이의 관심사에 관해 주의을 기울이는 것이라 말했다.

나에게 도서관은 피난처이자 나 자신을 채찍질하는 곳이다. 오래전부터 나는 '내 책들'이란 말 대신 '내 도서관'이란 말을 사용했다. 도서관을 가지고 있다는 건 단순히 많은 수의 책을 갖고 있다는 말보다 그 깊이를 더해준다. 사람들은 내게 "그 책들을 다 읽었어요?"라고 묻곤 한다. 나는 "아니요, 하지만 이 자체가 내 도서관입니다"라고 대답하기 시작했다. 생각해 보라. 누구도 공공 도서관에 있는 책 전부를 읽지는 않는다. 이 말이 내게는 좋은 핑계 거리가 된다. 버논 그라운즈는 덴버신학교의 도서들을 포함해 수천 권의 책이 딸린 도서관을 갖고 있었다. 그는 사진을 찍듯 어디에 어떤 책이 꽂혀 있는지 정확하게 기억하는 재능이 있었다. 사람들은 역시 그에게도 이 많은 책을 다 읽었느냐고 물었다. 그는 "아니요, 나는 사람들이 내가 이 모든 책을 읽었다고 생각하길 바랍니다"라고 대답했다. 나는 종종 그의 말을 인용한다. 도서관이 점점 넓어지자 사람들은 다시 그에게 저 책들도 다 읽었냐고 물었다. 그는 "저 많은 책 중 몇 권을 수도 없이 읽었지요"라고 대답했다. 이 말도 기억해야겠다.

내 관심사는 백과사전과 같다고 할 수 있다. 나의 도서관에는 넓은 세계가 담겨 있다. 철학, 신학, 종교학, 심리학, 역사, 예술, 재즈, 전기, 개, 문학, 사회학, 시, 문법과 문체 등. 나는 잡식하는 지식인이다. 읽지 않은 책들이 나를 쳐다보며 비웃고 관심을 갈구한다 해도, 내게는 모든 좋은 친구들이다.

나이가 들면서 내가 읽지 않는 책들을 나눠주게 됐다. 이제는 모든 책을 읽지 못하리라는 걸 깨달았기 때문이다. 책에는 디지털 정보가 대체할 수 없는 독특한 매력이 있다. 대다수 책은 우아한 의미를 품고 있다. 책은 물리적 사물로서 시간과 공간, 그리고 역사에 속한다. 각 페이지는 무한대의 숫자를 나타낼 수 있는 전자기기 화면과는 달리 일정한 분량의 글만 담을 수 있다. 이게 중요하다.[110] 1976년, 나는 내 활동에 지대한 영향을 끼친 책과 만났었다. 프란시스 쉐퍼가 쓴 『그곳에 계신 주님』The God Who Is There이었다.[111] 그 책은 40년이 지난 지금도 내 도서관에 꽂혀 있다. 내 인생은 그 책을 빼놓고 설명할 수 없다. 아내가 던지는 슬픔보다 더 강력한 비전으로 날 붙들어 주기 때문이다.

내 관심사는 대부분 책에 머물러 있지만 글이 아닌 예술, 주로 20세기의 그림에까지 뻗친다. 이상하고 당혹스러운 그 그림들을 제대로 보기 위해 주의를 집중한다. 나는 프란시스 쉐퍼와 한스 룩마커$^{Hans\ Rookmaaker}$의 책을 통해 이 세상과 만났다. 그러나 처음 이들을 접했을 때처럼 열정을 기울이지는 못한다. 아내가 진단을 받고 나서, 그리고 초기 징후를 보이면서부터 이전과 같은 열정을 유지하기가 어려워졌다. 하지만 나는 새롭고 흥미로운 의미로의 탈출을 포기하지 않았다.

조심성 많은 사람들에게 탈출은 도전적인 요구와 만나는 일이다. 그림을 감상하는 일은 내가 그것을 평가하거나 완전히 섭렵하기 전에 그 대상과 직접 마주하는 일이다. 나는 내 즐거움, 기분전환, 유희를 위해 그림을 값싸게 이용하는 태도를 피하기 위해 그림 그 자체를 받아들이려 노력한다. 이러한 태도를 C. S. 루이스의 주목받지 못했던 책, 『오독: 문학 비평의 실험』^{An} $^{experiment\ in\ Criticism}$을 통해 배웠다. 루이스는 문학(그것이 소설이든 비소설이든)을 사랑하는 사람들과 시간을 보내기 위해 책을 읽은 사람들, 그리고 자기 인생에 대해 폭로하면서 책에 대해 순위를 매기는 사람들을 비교했다. 경험할 가치가 있는 어떤 형태의 예술을 경험할 때, 나는 그것을 온전히 받아들이기를 원하고 그것이 내 안에서 어떤 역동을 일으키기를 바란다. 지금까지 알고 있던 정보와는 어긋나고 재미가 없다 하더라도, 새로운 이야기는 다른 차원, 해박한 지식이 열리는 관문이 될 수 있다.

마르바 던^{Marva Dawn}이 쓴 에세이 역시 내 탈출을 도왔다. 짧은 에세이 「보라!」^{behold}에서 그녀는 단순히 보고 듣거나 만지는 것이 아니라 주의를 기울이는 상태를 이야기한다.[112] 우리는 가치 있는 대상의 경우 존중과 존경을 담아 이해하고자 한다. 세례자 요한을 떠올려보라. 그는 "이 세상의 죄를 없애시는 아버지의 어린 양이 저기 오신다"라고 말했다.[113] 우리는 아버지의 어린 양을 그냥 쳐다보거나 단순히 동행할 것이 아니라 주의를 기울여 바라보아야 한다. 20세기 예술은 예수 그리스도와는 거리가 멀지만 나는 그것을 주의를 기울여 바라보려 했다.

예전에는 20세기 예술을 항상 부정적으로만 대했다. 모더니즘 예술은 허무주의에 가까웠고, 이전에 이어지던 예술의 전통과 형태를 파괴했기 때문이다. 예를 들어 존 케이지^{John Cage}는 우연성으로 음악을 만들려 시도했고 고전적으로 해석된 음악 이외에 다른 것들로 소리를 배열했다. 그는 작곡가보다는 광대에 가까웠다. 나는 그에게 전혀 끌리지 않았지만, 사람들의 마음을 끊임없이 빼앗고, 시도된 적 없던 미답의 방법으로 사람들의 감각을 채우는 추상 표현주의(잭슨 폴락^{Jackson Pollack}과 리 크라스너^{Lee Krasner}), 입체파(초기 피카소^{Picasso}), 형태보다 색채를 강조하는 그림(마크 로스코^{Mark Rothko}) 등의 의미를 탐구했다.

아내는 모더니즘 예술의 어떤 학자에게도 관심을 보이지 않았다.[114] 내가 고전 라디오 채널에서 흘러나온 20세기 음악을 들려줬을 때 그녀는 라디오를 끄며 그 음악을 (신경이 거슬리는 소리를 내뱉으며) 비꼬았다. 사실 나도 그랬다. 우리는 심지어 아는 것도 없으면서 기존의 회화 전통을 벗어난 20세기 예술을 '이상한 것'이라 업신여겼다(무식한 비웃음이 얼마나 초라한 것인지 잘 알면서도, 그만큼 재밌는 것 또한 없다).

언젠가 아내는 현대 추상 회화에 대한 책 중 한 권을 대충 훑고는 그 내용에 매료됐다고 말했다. 이후 그녀는 자신의 형제 존이나 친구 샤론을 방문했을 때 근처 미술관에 가곤 했다. 그녀의 취향(치매 때문에 약화되긴 했지만)은 지성이 사라진 자리를 틈타 조금씩 넓어지고 있었다.

아내가 현대 미술에 관심을 보이지 않았을 때부터 나는 그에 관심을 두기 시작했다. 철학자로서 나는 화가들의 세계관과 예술 철학에 대해 탐구하고 싶었다. T. S. 엘리엇^{T. S. Eliot}이 강조했듯이 나는 '교육받은 취미'를 추구했다. 구덩이에 빠지거나 포식자를 만날 것을 두려워하지 않으면서 작품 안에서 길을 잃는 법을 배웠다.

'색채가 형태보다 우선한다'라는 명제를 내세우며 회화의 새로운 형식을 발명했다고 일컬어지는 마크 로스코의 그림을 생각해 보자(정작 마크 로스코는 이런 식의 호명을 좋아하지 않았다). 그의 작품들은 보통 커다랗고 미묘하게 빛나는 분위기에 배치된 직사각형으로 구성된다. 설명은 미흡하다. 인터넷이나 책, 전시회를 통해 직접 그의 그림을 찾아보라. 서둘지 말라. 당신은 재빠르게 도착지에 데려다주는 택시에 앉은 게 아니다.

　어떤 화가는 인생의 나락을 경험한 사람들에게 직간접적으로 깊은 경의를 표하며 작업을 진행하기도 했다. 몇 년 전 그의 몇몇 작품 안에 담긴 개념을 설명하면서 나는 조르주 루오^{Georges} ^{Rouault}가 2012년, 그리고 2013년에 "내 목숨을 구했다"고 말했다. 로스코와 마찬가지로 루오는 독특하고 강렬한 색채를 추구했다. 그의 작품은 마치 스테인드글라스를 보는 것과 같은 기분이 들게 했다. 하지만 루오는 로스코와는 달리 인간의 형상, 특히 크고 두꺼운 붓놀림으로 그린 인간의 얼굴에 집중했다. 그의 천재적인 재능은 비극을 부드럽게 승화시켰다. (아마도 허무주의자였을) 피카소는 20세기의 분열을 뒤틀린 신체로 표현한 반면, 루오는 삶의 비극적인 면을 연민을 가지고 바라보았다. 그는 매춘부, 못생긴 판사, 늙은 왕, 슬픈 광대를 자신만의 스타일로 표현해냈다. 루오가 기독교인이었다는 사실은 그리 놀랍지 않다. 그가 태어나기 이전부터 파스칼과 같이 인류의 위엄과 불행을 동시에 묘사한 기독교인들이 있었다. 그러나 루오는 주님의 선한 세계를 암시하는 어둠에 초점을 맞췄다. 나는 그를 통해 복음이라는, 모든 것의 가장 깊은 의미로 도피할 수 있었다.

　책과 회화, 음악이 내가 가진 주요한 의미로의 도피처였다. 아내에게도 마찬가지였다. 그러나 도피의 방법은 달랐다. 나는 드럼을 연주할 수 있었지만 음악가는 아니고 음악 이론에 대해서도 잘 알지 못한다. 그러나 아내는 가수이자 피아니스트였다.

그녀는 음악을 읽을 수 있었다. 아내가 음악 치료사나 간병인과 함께 오래된 찬송가를 부를 때 그녀의 얼굴은 새롭게 바뀌고 자연스럽게 여러 단어를 구사했다. 나는 그녀의 병을 극복하도록 돕기 위한 다른 무언가가 생각나지 않을 때 클래식이나 찬송가를 틀어두곤 했다.

음악에 대한 나의 사랑은 정서적이면서 동시에 인지적이다. 음악은 감정을 표현하고 격려하며 생각을 자극하기에 청각적 의미에서 우리의 의식을 구성한다. 음악은 우리를 다른 곳으로 안내한다. 최고의 음악은 탁월한 음색을 가지고, 우리가 일반적으로 경험하는 것과는 다른 무언가를 경험하게 한다. 음악을 들으며 우리가 눈을 감는 이유다. 우리는 그 순간 소리 하나하나에 집중하려 한다.

> 그 때 새벽별들이 떨쳐 나와 노래를 부르고 모든 하늘의 천사들이 나와서 합창을 불렀다. (욥 38:7)

의심의 여지없이, 그때 주님이 거기 계셨기 때문이다. 음악 안에서 우리는 화음을 이루든 화음을 이루지 못하든 간에 하늘의 합창단과 함께 노래를 부른다. 우리 두뇌에 대한 신경학적 설명이 암시하듯 음악을 듣는 경험은 우리가 1인칭 시점을 넘어선 1인칭 경험에 도달하도록 만든다.

음악가들을 바라보는 일은 의미로의 탈출에 있어 또 다른 차원을 더하는 일이다. 나는 재즈의 열정적인 팬이기에 이 음악을 언급하고 가야겠다. 재즈의 본질이 무엇인가를 묻는 일은 어리석지만, 그 본질에는 즉흥성이라는 특성이 포함돼 있다.[115] 작은 악단에서 한명 한명의 음악가들은 솔로 음악을 연주하지만, 그들이 그룹으로 모이면 정형화되지 않은 즉흥 연주가 시작된다.

재즈에는 '백업' 밴드라는 개념이 없다. 덴버에 살 때 다즐이라는 재즈 클럽에서 열린 래리 골딩 트리오^{Larry Golding's Trio}의 콘서트에 갔었다. 기타리스트 피터 번스타인^{Peter Bernstein}이 솔로 연주를 하는 동안 빌 스튜어트^{Bill Steward}는 드럼으로 박자를 유지했다. 그들은 고개를 끄덕이거나 윙크를 한 적도 없으면서 소리를 통해 소통하고 있었다. 그들의 음악을 들으며 나도 모르게 미소를 지었다. 재즈를 깊이 들을 수만 있다면 치매와 같은 병은 기억에서 사라진다. 고통을 저 멀리에 치워두고 순수하게 빛나는 기쁨을 만날 수 있다.

다즐에서 열린 사이러스 체스트넛 트리오^{Cyrus Chestnut Trio}의 콘서트에 젊은 커플을 데리고 간 적이 있다. 우리는 공연 내내 즐거웠지만, 특히 몇몇 순간들은 황홀했다. 드러머를 등진 채 피아니스트는 피아노 솔로 연주를 이어갔고, 드러머를 바라보고는 스캣을 부르기 시작했다. 그러다 갑자기 멈추었다. 그 순간 드러머가 그 공백을 채웠다. 누군가를 부르고, 누군가 응답하고. 진정한 재즈가 가진 특징을 마음껏 보여주었다. 나는 젊은 재즈 초심자들을 돌아보며 진심을 다해 기쁜 표정을 지었다. 어디에서도 볼 수 없는 이런 음악적 교류(나도 이런 스캣과 드럼 연주는 들어본 적이 없었다)는 우리들을 위로해줬다. 우리와 함께 콘서트를 찾은 캐시는 우리가 상상도 할 수 없는 고통을 겪고 있던 사람이었다. 그녀는 이로 인해 풍족한 삶과는 점점 더 멀어져갔고, 스스로 위태롭고 끔찍한 상황으로 내몰리고 있었다. 하지만 캐시는 이 순간만큼은 자신의 남편과 함께 환하게 웃고 있었다. 우리는 고통 자체를 없앨 수는 없지만 고통을 견뎌나갈 힘을 얻을 수는 있다.

음악의 형태, 역사, 문학과의 관계, 신학적 의미 등에 관해 전부 이야기할 수는 없다. 나는 세상에 오직 두 종류의 음악, '좋은 음악'과 '그 외의 음악'만이 존재한다고 말한 듀크 엘링턴Duke Ellington의 말에 동의한다. 음악을 듣지도 않고 음악에 대한 자신의 취향을 일궈본 적도 없는 인물을 만나면 난 당황한다. 그가 수수께끼로 여겨지지만 난 이 사람도 어떤 의미로의 탈출을 시도하리라는 걸 안다. 그는 이 넓은 세상에서 나오는 다른 의미를 찾아가고 있을 뿐이다. 어찌보면 아내와 나는 언젠가 영원한 어느 곳에 이르러 음악과 다른 무엇을 누리고 즐기게 될지 모른다. 그렇기에 눈물의 베일에 갇힐 필요는 없다. 뭇 민족의 보화를 발견할 수 있으리라.[116)

밤에도 낮에도 잠그지 아니하고 네 성문은 늘 열려 있어, 왕들이 앞장 선 가운데 뭇 민족이 보화를 성 안으로 들여오리라. (사 60:11)

모든 즐거움의 절정, 그 정점은 온 세계의 작곡가이자 편곡자이며 연주자이신 그의 손에서 이뤄질 것이다. 우리는 그와 함께 영원한 행복을 누릴 것이다.

많은 간병인이 번아웃 증후군을 겪고 주님이 금지하신 그릇된 도피처를 찾기 때문에, 무엇을 해야할지 구체적인 예를 들기보다 의미로의 탈출이라는 방향을 제안했다. 가치 있는 행동과 생각, 감정, 문화가 우리 주변에 있다. 주님은 좋은 선물을 주시는 분이며, 그분이 허락하신 탈출 역시 마찬가지로 선하다.

에피소드

나의 학생, 베키

아내는 내가 교수로서 10년 동안 일했던 덴버신학교와 큰 인연이 있다. 그녀는 몇 가지 강의를 했고, 내가 강의하는 수업의 학생이기도 했다. 하지만 아내는 교수들의 말에 쉬이 순종하는 학생은 아니었다. 지적인 면에서 상당히 까다롭고 날카로운 사람이었고 강의실 안에서 늘 명료함을 유지했다.

용기를 내어 그 자신만만한 학생에게 조언을 했다. 아내는 이후 내 책을 편집하면서 지적으로도, 그리고 유머 면에 있어서도 큰 도움을 주었다. 20년 후 학생들 중에 아내처럼 자신만만한 학생을 볼 때마다 과거 기억이 떠오른다. 아내에게도, 나에게도 절대 잊을 수 없는 풋풋한 시절이었다.

아내의 건강이 악화되면서 그녀는 더는 내 강의, 설교, 공개 강연 자리에 나타나지 않는다. 나에게는 최고의 비평가였던 그녀는 언제나 솔직하고 분별력 있게, 그러면서도 친절하게 내 이야기에 반응해줬다. 아내가 병을 진단받기 몇 년 전, 어느 복음주의 교회에서 설교를 마치고 나서 아내에게 내 설교 영상을 봐달라고 부탁했다. 아내는 내게 짧게 말했다. "놀라울 정도야. 훌륭해." 이보다 더 좋은 칭찬이 어디 있을까.

최근에 덴버신학교에서 열린 블레즈 파스칼의 철학에 관한 내 수업에 아내가 참석했다. 아내는 내가 쓴 글을 통해 이 프랑스의 천재를 알게 됐다. 이날 우리의 친구 나오미는 아내가 수업에 참석할 수 있도록 옆에서 도와주었다. 참으로 기쁜 일이지만 동시에 가슴 아픈 일이기도 했다. 아내는 자기 자신을 통제할 수 없었다. 그녀의 능력은 제한적이기 때문에 이전에는 수월하게 하던 일도 이제는 할 수가 없다. 치매는 서서히 그녀를 문맹으로 만들어버렸다. 하지만 아내는 나오미와 함께 내 수업에 참석할 수 있어 기쁘다고 말했다. 아내가 조금 더 활동할 수 있도록 돕지 못하는 것이 내내 마음을 불편하게 했다.

특히 수업에서 아내를 바라보는 건 이전처럼 쉬운 일이 아니었다. 물론 그녀는 불편해 보이지도 않고, 피곤해 보이지도 않았다. 오히려 반짝이는 눈으로 나를 바라봤다. 나는 토론 수업을 진행하며 그녀가 말했거나 썼던 이야기를 언급하기도 했다. 비록

노을 지는 무렵 내게 걸어온 말들

그녀가 기억하지 못한다 해도 말이다. 그게 아내 심경을 불편하게 만들지는 않을 것이다. 학생들은 우리 부부의 슬픔에 공감하고 있었고, 아내는 잊어버리는 데 익숙했기 때문이다. 나는 아내가 강의를 듣고 있다는 걸 알지만 몇 년 전처럼 강의 내용이 어떠냐고 물을 수 없었다. 그녀의 예민했던 표현력은 이제 무뎌졌으나 낯선 강의 내용에 고개를 끄덕이는 그 모습에 감사할 뿐이었다. 그녀는 여전히 웃고 있지만, 반짝이던 지성과 유쾌한 논평은 기대할 수 없다.

강의를 마친 후 나는 아내와 함께 늦은 저녁 식사를 했다. 아내는 말했다. "당신, 정말 똑똑하다." 나는 "그래야지. 그래야 돈을 벌지." 우리 둘 다 크게 웃었다. 이제 나는 아내의 예리한 질문을 두려워할 필요가 없었고, 그녀의 날카로운 관찰력을 기대할 수 없게 됐다. 그녀는 여기에 있지만, 과거의 그녀는 여기에 없다. 아내는 여전히 나와 함께이지만, 내 최고의 학생이자 지적 경쟁자였으며 교수 사회의 내막에 대해 씁쓸하고 건조하며 재치 있는 농담을 던지던 그녀는 이제 없다.

19

아내는
좀 어때?

치매의 황혼을 걷다가 나는 자주 길을 잃는다. 이 오솔길은 고통스럽고 나는 때로 비틀거리기 일쑤다. 하지만 꾹 참고 버텨나가며, 다쳤을 때도 한발 더 나아가 신선한 공기를 마시기 위해 헤매기도 한다. 아내와 나는 우리를 일으켜 세워줄 누군가가 필요하다. 모든 환자는 마찬가지다. 고통스러워하며 터벅터벅 길을 걷는 사람에게 당신은 무엇을 할 것인가? 어쩌면 우리는 실수로 그들의 짐을 더 무겁게 하고 있는 건 아닐까?

　"아내는 좀 어때?" 이 말을 수백 번 넘게 들은 것 같다. 아내는 치매를 앓기 전부터 만성적으로 아프곤 했었다. 우리를 아는 대다수 사람들은 걱정했고 자신들이 걱정하고 있다는 걸 보여주고 싶어 했다. 하지만 그런 시도는 자주 실패했다. 누군가 "아내는 좀 나아졌어?"라고 물을 때 나는 대답하기가 힘들다. 내가 솔직하기 때문이 아니라 대답하는 것 자체가 내키지 않고 불편한 것이다. 최근에 아내 상태가 안 좋다는 걸 알게 된 사람이 "아내는 좀 나아졌어?"라고 물었고 나는 짜증이 섞인 목소리로 답했다. "아니. 아마 나아지지 않을 거야. 그냥 버티는 중이야." 상대방은 매우 당황스러워했다. 질문을 던진 사람은 불행에 빠진 우리에게 약간의 희망을 주기를 바랐을 것이다. 하지만 잘 알지 못한 채 동정심을 가지고 건네는 단순한 희망은 상처를 더 크게 할 뿐이다. 나는 내가 사랑하는 사람이 왜 나아지지 않는지에 대해 변명해야 한다는 느낌을 받는다. 사실대로 말하면 질문한 사람이 실망할 것이기에 누군가를 우울하게 만든 것에 대해서도 책임감을 느껴야 한다.

우리가 어떻게 지내는지 물어보고 솔직한 대답을 주고받는 게 더 좋다. 할아버지가 내 나이쯤 되셨을 때 어떻게 지내시는지 여쭤봤던 적이 있다. 할아버지는 "정말 끔찍하지"라고 대답하시고는 웃으셨다. 그 웃음이 대답보다 더 많은 걸 말해주고 있었다. 나는 지인들에게 "잘 버티고 있어", "살아 남으려고 발버둥치는 중이야", "더 나빠진 것 같아"라고 말하곤 한다. 아니면 "우리를 위해 기도해줘"라고 말하거나 아주 가끔 "좀 나아진 것 같아"라고 말하는데 이건 진심이 담긴 말이다. 수업을 위해 미네소타 로체스터에 머무는 동안 나는 내 젊은 친구에게 아내의 상태를 정직하게 말해줬다. 그는 내 말을 듣고 충격을 받으면서도 기뻐했다. 내가 진심으로 말한다는 걸 알아챘기 때문이다.

아내는 너무 오래 아팠기 때문에 "아내는 좀 어때?"라는 질문은 나를 불편하게 한다. 그녀는 언제나 잘 지내지 못했다. 때로는 아무것도 묻지 않고 가볍게 인사하거나 적당히 정을 나누고 서로를 위해 기도하고 있음을 확실하게 전달하는 것이 더 나을 때도 있다. 내 친구는 자신의 아이를 위험에 빠트려 모든 가족을 걱정 속으로 밀어 넣었던 자기 형 때문에 괴로워했었다. 나는 더는 그 일에 대해 묻지 않는다. 그런 대화가 쓸모없음을 잘 알기 때문이다. 아무 말 없이 그가 자신의 입으로 상황을 알려주기를 기다릴 뿐이다.

미국인들은 기업가적인 면모를 갖고 있으면서 동시에 낙천적이다. 이는 강점이자 약점이다. "절대로 주저앉지 마라. 절대로, 절대로, 절대로!"라고 말한 처칠의 말을 우리는 자주 인용한다. 그러나 너무 낙관적인 사람들은 상처받은 영혼에게 슬퍼할 시간을 허락하지 않는다. 우리는 사람들을 격려하고 (자주 말하듯) 항상 앞으로 나아가게 돕기를 바라지만, 우리가 등 떠미는 방향이 잘못된 방향일 수도 있다. 절벽 끝에 서 있는 사람에게 앞으로 나아가라고 말하는 건 미친 짓이 아닌가. 명랑한 사람들은 다른 이를 격려하는 데 능숙하지만, 그 명랑함이 역효과를 내는 경우도 있다. 나의 두 친구는 고인이 된 동료 철학자 고든 르위스 Gordon Lewis 와 마찬가지로 매우 명랑하다. 그러나 그들 중 누구도 연민을 저버린 채 경솔하고 경박하게 상대방에게 돌진하지 않는다. 누군가 고통에 일그러져 있다면 그 사람에게 행복하라고 등 떠밀 수 없다는 걸 잘 알고 있기 때문이다. 우리는 슬픔에 직면한 사람에게 당장 상황을 바꾸거나 도피하라고 강요할 수 없다.

1999년 9월 20일, 콜로라도 리틀턴에 있는 콜럼바인 고등학교에서 두 명의 십대 청소년이 13명을 살해하고 20명 이상에게 중상을 입힌 후 자살한 사건이 벌어졌다. 이 사건은 미국 역사에서 가장 충격적인 총기 난사 사건으로 기억된다. 소설가 대니얼 스틸^{Danielle Steel}은 사설을 남겨 슬픔에 빠진 이들에게 위로를 건넸다.[117] 그녀의 어린 아들은 1997년 자살했는데, 그 일이 있고 난 후 6주가 지났을 때 이제는 슬픔을 극복해야 하지 않겠느냐는 말을 들었다고 적었다. 끔찍한 일이다. 오른쪽 다리에 타박상을 입어 치료를 받을 때도 6주 정도의 시간을 필요로 한다. 진정 인간이라면 6주 안에 자식의 자살에서 회복할 수 없다. 스틸은 슬픔이 자신의 길을 가도록 서두르거나 훈계하지 말아야 한다고 충고했다. 그녀는 이렇게 썼다.

우리는 여전히 아이를 그리워한다. 사무치도록. 당신이 잃은 누군가를 그리워하는 걸 멈추지 말라. 하지만 팔다리를 잃은 것처럼 다시 살아가는 법을 배우라.[118]

나는 한 사람에게 아내가 치매를 앓고 있다고 말했다. 그는 매우 놀라며 슬퍼했다. 하지만 곧 병에 걸린 것이 꼭 나쁜 일만은 아닐지도 모른다고 말했다. 그의 아버지는 알츠하이머를 앓으셨는데 기억을 하나하나 잃어갈 수 있어서 행복하다고 말했다고 한다. 나는 알츠하이머가 뇌에 미치는 영향은 원발성 진행성 실어증과는 다르다고 그에게 말했다. 우리는 행복한 망각을 기대할 수 없다. 그의 위안은 차가웠지만, 따뜻한 마음에서 비롯되었다는 걸 나는 안다. 물론 그의 조언은 도움이 되지 않았지만.

황혼을 헤쳐나가는 사람을 나락으로 떨어뜨리는 아주 고통스러운 방법이 하나 있다. 도움을 제안한 뒤에 실제로는 도와주지 않는 것이다. 상대방을 걱정하면서 어떤 이들은 공허한 약속을 하곤 한다. 우리는 지켜지지 않는 약속 때문에 슬퍼할 뿐이다. 사소한 짜증이나 가슴앓이, 실망일 수도 있다. 하지만 칸트Immanuel Kant를 생각해보라. 그는 약속을 어기는 건 무슨 이유를 대더라도 잘못된 일이라고 주장했다. 그의 말에 귀기울여야 한다. 시편의 저자는 선한 약속을 지키는 이를 칭찬한다.

> 손해를 보아도 맹세를 지키고 … 이렇게 사는 사람은 영원히 흔들리지 아니하리라. (시 15:4~5)

우리에게는 반드시 지켜야 할 약속이 있다. 전도서의 저자역시 이를 잘 알고 있었다.

스스로 한 말 때문에 죄를 짓는 일이 없도록 하여라. 아버지의 심부름꾼 앞에 경솔했다고 핑계할 생각을 마라. 아버지께 노여움 살 소리를 해서 일껏 수고하여 얻은 것을 물거품으로 만들 이유가 어디 있는가? (전 5:5)

그러나 성급하게 맺은 약속, 혹은 거짓된 정보를 바탕으로 맺은 약속은 깨야 할지도 모른다. 마틴 루터는 자신의 전 생애를 가톨릭 수도원에 헌신하기로 약속했고, 맹세도 했다. 그러나 기쁜 마음으로 수도원을 떠나 복음을 전파했기에 위대한 개혁자로 불렸다.

어떤 사람들은 자기 자신이 영웅이라도 되는 양 자신이 할 수 없는 것을 약속한다. 나는 이러한 사람을 만나봤기에 누구보다 그 상황을 잘 안다. 누구도 치매라는 난감한 상황을 완전하게 예측하거나 이해할 수 없다. 우리는 길을 잃었고, 심한 지진 소리를 내는 상황에 애처롭게 내던져져 있다. 그리고 낯선 세계를 밟고 살아가야 한다. 함께 길을 잃은 상태에서 현명한 약속을 하는 건 우리를 추락하지 않도록 붙들어 준다. 우리는 길을 잃었지만 여정을 포기하지 않았다. 주님은 우리를 버리지 않으신다.

길을 잃은 것 같지만 주님께서 포기하신 것은 아니다. 아내 역시 마찬가지다. 나는 느릿느릿 진행되는 이 고통이 우리를 찾아오기 이전의 모습과 마찬가지로 아내 곁에 남고 싶었다. 그러나 아내는 천천히 저물어 가기 시작했다. 나는 그녀를 잃고 있지만 아직 길 자체를 잃어버리지는 않았다. 그녀 역시 아직 길 위에 있다.

사람의 아들은 잃은 사람들을 찾아 구원하러 온 것이다. (눅 19:10)

오래전 주님은 우리를 찾아내서서 구원하셨다. 우리는 그의 사랑과 힘 안에서 길을 잃지 않는다. 나는 아직도 아내가 앞으로 잃어버릴 것들을 생각하면 가슴이 시리다. 나에겐 나를 붙들어 줄 사람들, 나와 진심으로 슬퍼해 줄 사람들이 필요하다.

상처 입고 일어서다

레베카 M. 그로타이스

죽음의 도구에 달려

늘어지고 비참해진

너의 몸

어지러운 어둠 속에서

빙글빙글 돌다

가파르게 추락하는

너의 영혼

너는 전혀 알지 못하고

상상도 할 수 없는 지옥

갇힌 듯한 공포와

황량이 뒤덮고 있는 검은 밤

죽음의 악취를 마시며

깊고 좁으며 빛도 없는

죄의 장소

그곳은 당신의 자리가 아니다

당신은 결코 이런 일이 벌어질 줄 몰라겠지

숨을 쉬기가 어려운

당신은 당신 가슴이 찢어지는 걸 느낀다

깊고 들쭉날쭉하게 한 가운데를 향한다

"안돼, 안돼, 아버지, 아버지!

왜 저를 버리십니까?"

그러나 아버지는

너를 버리지 않으셨다

죄악의 구덩이와 고통은

아버지의 것이 아니다

기적적으로

너의 영혼은 빛으로 되돌아왔다

죽음은 완전히 끝이 나고

너의 비참함은

뒤로 물러갔다

새벽이 밤을 이겼다

생명이 부활했다

신선하고 깨끗한 아침 향기가

너의 폐를 가득 채운다

너는 궁금해졌다

언제 내가

지옥의 깊은 곳에서

퀴퀴한 오물을 들이마셨던가?

너의 손가락은

옆구리에, 손바닥에 가 닿는다

영혼이 너를 느낀다

찢어지고 피가 났던

깊은 상처

지금은 깨끗하게 아물어 있다

너는 과거를 잊고

과거를 떠난다

새로운 것을 향해 나아가야 한다

너의 아버지, 나의 아버지

그가 하시는 일

분열의 상처를

깨끗케 하고, 낫게 하시는 것

우리를

당신의 거룩함을 통해

순결과 성숙으로 나아가게 하소서

부활의 삶!

기억하는가?

상처 입은 그 어두운 밤

그 밤이 모든 것을 바꿔 놓았다

고통의 연무를 통해

새로운 빛이 빛나고 있다

노을 지는 무렵 내게 걸어온 말들

에피소드

휴식

여러 해 동안 나는 아내와 함께 시간을 보내며 휴식을 취했다. 그녀는 눕고 나도 그녀의 배에 머리를 대고 누웠다. 우리는 잠들지 않은 채 서로의 존재로 인해 즐거워한다. 치매로 인한 아내의 고통이 점점 더 커짐에 따라 평화로운 시간은 줄어들었다. 그렇다 해도 아내에게는 다른 할 일이 거의 남아 있지 않았다.

하루는 내가 그녀의 침실에 들어가 우리가 해오던 대로 쉬자고 말했다. 그녀는 내 생각에 동의했지만 어떻게 침대에서 자리를 양보해야 할지 갈피를 잡지 못했다. 나는 그녀에게 방법을 알려줬고 우리가 늘 해오던 대로 그렇게 서로에 기대어 '걱정 없이 그저 쉬는 공간'으로 돌아갔다.

몇 가지 이야기를 전하고 아내는 간단히 대답하고 나서 이따 금 함께 웃었다. 써니는 아내가 이전보다 행복하지 않으며, 어떤 일이 있어도 자신을 지킬 수 없음을 느낀 것 같다. 써니는 침대 위로 올라와 꼬리를 흔들며 우리를 핥았지만 그리 행복해 보이 지는 않았다. 써니는 우리에게 다가와 몸을 부빈 후에 침대 다 리 쪽에 누워 내 발 위에 머리를 두고 쉬었다. 그저 그대로 있었 고 아무것도 고치려 하지 않았다. 우리는 그렇게 서로에 기대어 쉬었다.

몇 분이나 지났을까, 아내의 눈을 들여다보았다. 몇 년 동안 보지 못했던 순수한 평화와 사랑이 담겨 있었다. 그 밖의 다른 것들, 불안과 걱정, 두려움은 그곳에 없었다. 허탈함이 단순한 즐 거움들을 삼켜 버리고, 고통스러운 이야기가 모든 좋은 것들을 파묻어 버렸을 때도 찾을 수 없었던 그 사랑이 이제야 다시 나 타났다.

아내의 표정은 참 따뜻했고, 글을 쓰는 지금도 그 온기를 기 억한다. 사랑은 상황에 짓눌려 사라져 버리지 않았다. 나는 잠시 숨을 크게 쉬고 울기 시작했다. 이 눈물은 두려움이나 분노에서 비롯되지 않았음을 안다. 이 눈물은 다정했고 차분했다. 눈물은 고통으로 인해 산산조각이 난 우리 서로를 다시 연결시켜 주었 다. 그때 수년 동안 서로에 대해 가지고 있던 사랑은 다시 돌아 왔다. 동시에 생각했다. 이 사랑이 다시는 돌아오지 않을 것이라

　　　　　　　　　노을 지는 무렵 내게 걸어온 말들

는 사실을 말이다.

아내는 내게 왜 우는지 물었다.

"뭐가 잘못됐어?"

"전부 다."

나는 아내에게 대답했다. "전부 다"라는 말은 몇 년 동안 우리가 함께 겪었던 슬프고 고통스러웠던 모든 것을 뜻했다. 왜 좋은 것들은 사라지고 나쁜 것들은 더해지는 걸까? "전부 다"라는 대답에 모두 담겨 있다. 그녀는 이 대답을 듣고 살짝 미소를 지었다. 그녀도 "전부 다"라는 말의 깊이를 알고 있다.

아내의 순수한 미소, 사랑으로 가득한 얼굴을 본 뒤 한 시간 동안 울었다. 건강했던 그녀의 이미지가 떠오를 때마다 나는 울었다. 이 눈물에는 달콤하면서도 가슴이 먹먹해져만 가는 아픔이 스며 있었다.

황혼에서 어둠으로

이 책을 쓰며 우리는 황혼을 지나는 긴 여정을 걸어왔다. 아니, 이 책이 전하는 것보다 더 먼 거리를 우리는 걸었다. 침묵과 후회의 길을 지나 더 가파르고 바위투성이인 길을 지나왔다. 우리의 단어는 점점 더 사라져 갔다. 나는 이 상황이 지나가고 더 깊은 어둠이 찾아올 즈음에 무슨 일이 일어날지 기록하고 싶지 않다. 새벽과 낮이 밤을 뒤따른다. 하지만 그 밤은 길다.

아내와 나의 황혼은 길고 길었다. 내가 뱉은 마지막 한탄은 내가 충분하지 않았다는 것이다. 내 마음은 속삭인다. "더 많은 시간을 아내와 보냈어야 했어. 의사에게 더 절절하게 따졌어야지. 아내가 뭔가 할 수 있도록 더 많은 일을 했어야지. 목소리를 높이면 안 됐어. 그 친구에게 의존해서도 안 됐고. 너는… 너는 실패했어."

다른 목소리도 들린다. "네, 그렇지만… 아니오." 나는 영원히 이어지고 결국 깊은 슬픔에 이르는 이 고통에 대한 지도를 다 그려낼 수도, 글로 표현할 수도 없다. 내 체크리스트는 고뇌로 가득 차 있었다. 나는 계속할 수 없었다. 내가 택할 수 있는 선택지가 이 고통을 오롯이 견디는 것에만 있지는 않다. 치매 환자들은 신체적으로나 심리적으로나 다 다르다. 상황이 다르기 때문에 간병인들도 모두 다르다. 정확한 지도는 없지만 우회로는 있다. 분노, 이기심, 자기 연민, 두려움, 소란, 게으름, 그리고 모든 것 중에 최악의 우회로는 스스로 저버리는 것이다.

그러나, "사랑은 죽음처럼 강한 것"이다.[119] 죽음보다 더 강하다. 우리는 아무 잘못도 없는 한 사람이 로마의 십자가에 달려 범죄자들 곁에서 죽음을 맞이한 것을 알고 있다. 그 사람은 죽었고 무덤에 갇혔다. 사흘 후 그의 무덤은 열려 있었고, 그 사람은 부활해 나타났다. 이 견줄 데 없는, 그리고 필적하기 어려운 사건이 나의 삶과 죽음에서, 아내의 삶과 죽음에서 유일한 희망이다. 예수는 우리의 주님이시다.

나는 미래를 내다볼 수 없지만 이미 우리에게 주어진 지도를 참고할 수는 있다. 나는 GPS를 켜고 정확한 위치를 지정할 순 없지만 사랑에 필요한 연료를 찾을 수는 있다. 그리스도로 인해 바울의 설교는 헛되지 않게 됐다. 그건 단순한 낭만주의의 발로가 아니다. 그가 전한 진실은 눈부시게 영원히 빛나고 있다.

내가 인간의 여러 언어를 말하고 천사의 말까지 한다 하더라도 사랑이 없으면 나는 울리는 징과 요란한 꽹과리와 다를 것이 없습니다. 내가 주님의 말씀을 받아 전할 수 있다 하더라도 온갖 신비를 환히 꿰뚫어 보고 모든 지식을 가졌다 하더라도 산을 옮길 만한 완전한 믿음을 가졌다 하더라도 사랑이 없으면 나는 아무것도 아닙니다. 내가 비록 모든 재산을 남에게 나누어준다 하더라도 또 내가 남을 위하여 불 속에 뛰어든다 하더라도 사랑이 없으면 모두 아무 소용이 없습니다. 사랑은 오래 참습니다. 사랑은 친절합니다. 사랑은 시기하지 않습니다. 사랑은 자랑하지 않습니다. 사랑은 교만하지 않습니다. 사랑은 무례하지 않습니다. 사랑은 사욕을 품지 않습니다. 사랑은 성을 내지 않습니다. 사랑은 앙심을 품지 않습니다. 사랑은 불의를 보고 기뻐하지 아니하고 진리를 보고 기뻐합니다. 사랑은 모든 것을 덮어주고 모든 것을 믿고 모든 것을 바라고 모든 것을 견디어냅니다. 사랑은 가실 줄을 모릅니다. 말씀을 받아 전하는 특권도 사라지고 이상한 언어를 말하는 능력도 끊어지고 지식도 사라질 것입니다. 우리가 아는 것도 불완전하고 말씀을 받아 전하는 것도 불완전하지만 완전한 것이 오면 불완전한 것은 사라집니다. 내가 어렸을 때에는 어린이의 말을 하고 어린이의 생각을 하고 어린이의 판단을 했습니다. 그러나 어른이 되어서는 어렸을 때의 것들을 버렸습니다. 우리가 지금은 거울에 비추어보듯이 희미하게 보지만 그 때에 가서는 얼굴을 맞대고 볼 것입니다. 지금은 내가 불완전하게 알 뿐이지만 그 때에 가서는 아버지께서 나를 아시듯이 나도 완전하게 알게 될 것입니다. 그러므로 믿음과 희망과 사랑, 이 세 가지는 언제까지나 남아 있을 것입니다. 이 중에서 가장 위대한 것은 사랑입니다. (고전 13장)

짐을 덜다

타락의 세계와 영원한 행복 사이에 사는 인간은 자신의 상황을 악화시키는 데 매우 능숙하다. 이 자리에서 나를 버틸 수 있게 한 모든 방법을 하나하나 열거하지는 않겠지만, 대신 아내가 나를 도와준 방법이 무엇이었는지, 그리고 다른 이가 우리의 짐을 조금이나마 덜게 했던 방법은 무엇이었는지에 대해 이야기하려 한다.[120]

욥에게 시련이 찾아왔을 때 그의 친구들이 그랬듯 다른 이의 고통을 마주하게 될 때가 있다. 침묵 자체는 치료 방법이 아니지만, 이를 통해 절제되지 않고 내뱉는 말들이 내는 상처는 줄일 수 있다. 누군가 더는 회복될 수 없음을 알게 되었을 때, 헛되게 희망을 전해서는 곤란하다. 왜 헛된 노력으로 문제를 키우

노을 지는 무렵 내게 걸어온 말들

는가? 왜 희망이 더욱 더 사라지게 만드는가? 아픈 사람에게 자신의 선의를 드러내는 것보다, 그저 곁에서 함께 아파해야 할 필요가 있다. 그것이 가슴은 아프지만 질병을 대하는 올바른 태도다. 우리는 이를 어떻게 실천할 수 있을까?

가장 먼저 상실의 스트레스를 겪는 누군가와 대화하기 전에 지혜를 구하는 기도를 드려야 한다. "모든 위로를 주시는 주님"께 치료에 필요한 마음과 말을 선물해 달라고(적어도 고통을 더하지는 않게 해달라고) 간구하자. 좋은 의도라 할지라도 나쁜 결과를 가져올 수 있다. 방금 배우자를 잃은 사람에게 누구도 "잘 아파하고 계시죠?"라고 묻지 않는다. 우리는 슬픈 마음으로 애도하지 그 사람의 내적 영혼을 감시하기 위해 질문하지 않는다. 누군가 암을 진단받고 병을 치료하기 위해 인생의 방향을 새롭게 설정했다고 해보자. 신자들 중 누군가가 "전 화학요법을 받느니 차라리 총에 맞는 게 낫겠어요."라고 말했다고 생각해보라. 얼마나 끔찍한가. 이런 말로 상처를 받은 환자는 그 아픈 말에도 불구하고 희망을 갖고 화학 요법을 받을 준비를 해야 한다. 우리는 모든 것을 더 악화시키는 혀의 힘에 대해 말하는 야고보의 편지를 기억해야 한다.[121]

둘째, 우리는 주님의 마음을 읽고자 타락한 세계의 비참한 상황을 과도하게 해석해서는 안 된다. 공허한 위안만 만들 뿐이다. 주님은 자신의 백성들을 위해 악으로부터 선을 이끌어 내실 것이다.[122] 그러나 우리는 그가 어떻게 그렇게 하실 것인지 알 수 없다. 어두운 구름 속에 보이는 희망의 조짐은 고통의 모든 의미를 설명해주지는 않는다. 이러한 관점에서 우리는 주님의 거룩한 섭리에 대해 경건한 희망을 내뱉는 대신 우리의 무지를 인정하고 조용히 앉아있는 법을 배워야 한다. 욥의 친구들은 주님 앞에서 침묵을 깨고 무지한 상태로 말하기 시작했을 때 실패하고 말았다.

셋째, 한탄하는 법을 배워야 한다. 나는 이 책 전체를 통해 슬픔에 대해 말해 왔지만 두 가지 점을 고려해야 한다. 아픈 이야기를 들었다면 그들과 함께 머물라. 진심에서 우러나오는 말을 하되 적절하게 하라. 아직 때가 되기도 전에 기운을 내라거나 힘내라는 등의 말은 현명하지 않다.

> 상심한 사람 앞에서 노래부르는 것은 추위에 옷을 벗기고, 아픈 상처에 초를 끼얹는 격이다. (잠 25:20)

미국 남부에서 통용되는 표현 중에 이러한 상황을 잘 포착한 말이 있다. "난 당신을 위해 이걸 싫어해." 나는 결혼생활이 산산조각나는 게 너무 가슴 아프다. 내 친구의 배우자가 화학 요법 치료를 받고 있다는 사실도 싫다. 내가 그들을 사랑하기 때문에 그런 상황들이 싫다. 특히 아내에게 일어나는 일들은 더욱 싫다.

대부분의 경우 고통받는 사람에게 "당신의 기분이 어떤지 잘 알아요"라고 말하는 건 현명하지 못하다. 당신은 아마도 모를 것이기 때문이다. 잠언은 우리에게 이렇게 가르친다.

제 설움 저밖에 모른다. 제 기쁨 남이 어찌 알랴. (잠 14:10)

나는 아내에게 닥친 치매의 고통, 그것을 바라보는 가족의 아픔을 안다. 그러나 병이나 사고로 자식을 잃은 사람들의 상처에 대해서는 모른다. 그렇다. 모른다는 데서 시작해야 한다. 어떤 사람은 내게 "전 당신이 어떤 기분일지 상상조차 할 수 없어요"라고 말했었다. 그 말이 얼마나 고마웠는지 모른다. 배우자를 잃거나 암에 걸리거나 이혼에 직면한 일이 그렇게 나쁜 일은 아니라고 말하는 건 현명하지 못하다. 그건 분명 나쁜 일이다. 자신을 둘러싼 세상이 무너지는 일이다. 니콜라스 월터스토프가 『나는 사랑하는 사람을 잃었습니다』라는 책에 썼듯이 우리는 그저 고통스러워하고 슬퍼하는 사람 곁에 머물러야 한다. 그것만으로도 큰 위로를 전달하기도 한다.[123]

고통을 겪는 사람들에게 사랑을 전하는, 고루하지만 놀라운 방법은 애도의 편지를 쓰는 것이다. 나는 사람들의 편지와 페이스북 게시글, 메일 등을 읽으며 정확히 무엇이 친절한 애도인지 궁금해했다. 몇 가지 요소가 떠오른다. 그런 편지는 어떤 종류의 상실, 죽음이나 아픔을 먼저 언급한다. 크리스토퍼 히친스는 자신의 회고록에서 다른 사람에 대한 걱정을 미루지 말고 표현하라고 말한다. "아주 작은 조언 하나를 해야겠다. 당신이 아는 누군가가 편지나 방문을 통해 도움을 받을 수 있다면 편지를 쓰거나 집을 찾아가는 일을 미루지 말라. 당신이 생각하는 것보다 더 큰 차이를 만든다."124)

진정한 슬픔은 편지에 담기지 않을지도 모른다. 그래서 마음을 담아내려 더욱 노력해야 한다. 적절한 편지지를 발견하면 몇 개의 단어를 손글씨로 직접 쓰는 게 좋다. 언제나 중요한 것은 예의이지만 "동정심을 드러내 보이는 것은 적절치 않다. 정말 적절치 않다. 오로지 개인적으로 건네는 메시지만이 상대방에게 진심을 전할 수 있다."125) 슬픔 때문에 체념하지 말아야 한다. 이는 주님을 포기하는 죄다. 존중하고 받아들여야 한다. 그러나 그들이 아직 슬픔에 잠겨있을 때 기뻐하라고 재촉하는 것은 옳지 않다.

애도가 가진 또 하나의 측면은 곤경에 처한 현재 삶을 기억하고 감사하는 것이다. 사람의 미소, 웃음, 친절에 관한 몇 마디로 말이다. 이는 가혹하고 어두운 현실을 조금이라도 덜어주는 밝은 기억을 불러일으킨다. 더 나은 애도는 상실과 사별의 슬픔, 고통에 대한 희망을 제공한다. 슬픔을 가볍게 하고, 인생이 밝은 곳으로 나아가게 하는 근거를 제공하며, 죽음이나 황폐함이 큰 영광 가운데 사라질 것이라고 신뢰하게 하는 뻔하지 않은 이유를 제공한다.

노을 지는 무렵 내게 걸어온 말들

과하게 여러 구절을 사용하는 건 애도의 의미를 갉아 먹는다. "지상에서의 상실은 천국에서 보화를 쌓는 일이다"와 같은 진부한 표현은 삼가라. 판에 박힌 듯한 그런 문구를 쓰는 것보다는 본인만이 가진 말장난을 사용하는 게 더 낫다. 요점을 명확히 하자. 왜 지금 감정에 딱 들어맞는 단어를 찾으려 하지 않는가?

애도하는 말 중에 가장 무서운 실패는 침묵이다. 사랑하는 이의 슬픔 앞에서 아무 말도 하지 못하는 것이다. 아마도 어떤 무거운 말을 써야 한다는 압박감 때문일 것이다. 어려운 일을 해내려 시도하는 것보다 아예 아무것도 하지 않는 쪽을, 무능력함을 드러내는 쪽을 택하는 것이다. 그러나 이러한 시도는 슬픔에 처한 사람들을 더욱 외롭게 만든다.

나는 이러한 기술들에 아직 초보자다. 여전히 사람들과 함께 아파하는 것으로 상황을 견디고 있다. 당신은 나와 함께 슬퍼하는 법을 배워보겠는가? 당신이 사랑하는 사람들과 함께 주님 앞에 놓인 애도자의 자리에 서 보겠는가?

감사의 말

이 두툼한 회고록 원고는 친절하고 현명하게 도움을 준 신디 번 취[Cindy Bunch]가 없었다면 나올 수 없었다. 레베카[Rebecca]를 비롯해 나를 위해 기도해 준 많은 이들에게 감사를 전한다. 무엇보다 상상할 수 없는 고통을 겪으면서도 하루하루를 견디어내며 살아가는 내 아내, 레베카 M. 그로타이스의 지성과 재치, 지혜와 신념에 찬사를 보낸다.

추천사

이 책은 전쟁, 빈곤, 기근에 대한 뉴스를 접할 때처럼 마음 편히 읽기가 쉽지 않은 책입니다. 외면하려 했고, 회피하려 했습니다. 하지만 우리 주님은 이를 못 본 척하지 않으시고, 직접 함께하시며, 우리를 사랑하십니다. 그분은 당신의 사랑과 존재에 참여하도록 우리를 부르십니다. 치매의 혼란과 문제를 겪고 있는 가족이나 친구들에게 이 책은 좋은 선물이 될 것입니다.

저자가 분노를 드러내는 순간부터 반려견이 달콤하게 부부를 위로하는 장면까지, 이 책은 아내를 간호하며 겪었던 고통을 정직하게, 그리고 따뜻하게 보여줍니다. 고통의 의미, 삶이라는 여정의 의미를 찾는 이들에게 도움이 되었으면 합니다.

켈리 M. 카픽(신학 교수, 코버넌트 칼리지, 『Embodied Hope』의 저자)

솔직히 말해서 저는 지금껏 이런 책을 본 적이 없습니다. 이 책은 삶에서 겪는 고통에 대한 깊은 성찰과 아무런 대답도 없으신 주님에 대한 이야기로 가득합니다. 그로타이스의 이 책은 질병으로 고통받는 아내의 여정을 뒤따르며 겪는 고통과 고뇌, 혼란을 전달합니다. 저자는 이를 가감없이 서술하고 있지요. 단순히 기독교를 옹호하려 하지도 않고, 지독한 아픔에 성경을 구급약처럼 사용하지도 않습니다. 그리고 "행복하게 잘 살았습니다"와 같은 결말을 염두에 두지도 않았지요. 하지만, 희망은 남아 있습니다. 그에게 있어 희망은 고통, 인생에 대한 깊은 성찰로 인해 생겨납니다. 이 책이 전하는 치유의 힘이 책장을 한 장 한 장 넘기는 여러분에게도 가 닿기를 바랍니다.

J. P. 모어랜드(철학 교수, 탈봇신학스쿨, 바이올라대학교)

감동적이고 심오하며 강렬합니다. 아내와 함께 고통을 겪으며 길어올린 저자의 통찰력에 놀라게 되실 겁니다. 황혼을 걷는 이 길은 정말 고통스럽지만, 이 여정에 희망이 없는 것은 아닙니다. 이 책은 당신이 기억하게 될 또 한 편의 회고록입니다.

리 스트로벨(크리스천 사상 교수, 휴스턴 침례교대학교, 『The Case for Christ, The case for Faith』의 저자)

『노을 지는 무렵 내게 걸어온 말들』은 삶이 건네는 슬픔에 대한 뛰어난 회고록입니다. 치매에 걸린 아내가 겪는 고통에 대한 경험과 뛰어난 철학자의 명료한 생각이 만나 이룬 걸작입니다. 이 책은 꾸밈없는 진실이 건네는 아름다움으로 가득합니다. 천둥과 번개가 치는 곳에서 신의 목소리를 듣는 일은 어쩌면 쉬울지도 모릅니다. 아무 소리도 없는, 아무 말씀도 하지 않는 곳에서 신의 목소리를 듣는 일은 섬세한 귀를 필요로 합니다. 저자는 그런 귀를 가졌습니다.

에릭 메타사스 (에릭 메타사스 쇼의 호스트, 『Bonhoeffer: Pastor, Martyr, Prophet, Spy』의 저자)

저자가 이 책에서 해냈듯이, 그렇게 제 삶을 한 편의 글로 적어 내릴 수 있을까요? 제가 그러한 글을 시작이나 할 수 있을까요? 수많은 철학자가 자신이 가진 명료한 사유를 풀어내고자 애쓰지만, 그로타이스처럼 정직함과 시적 통찰력, 강렬한 명확성, 손에 쉽사리 잡히지 않는 희망을 아름답게 그려내는 이는 드물 것입니다.

오스 기니스 (『Impossible People』 저자)

주

| 서문 |

1)　잠 31:25 *

| 들어가며 |

2)　유 1:3 *
3)　버트런드 러셀, Essays on Skepticism (뉴욕: 필로소피컬 프레스, 1962), 87쪽.
4)　W. H. 오든, "Musee des Beaux Arts" in David Lehman, "Art's lessons, Drawn in Verse," 월 스트리트 저널, 2016년 5월 14일, C12면
5)　벧전 3:15 *

| 1. 정신과 병동에서 분노하다 |

6)　미셸 드 몽테뉴, "How the Soul Discharges its Emotions Against False Objects When Lacking Real Ones," The Complet Essays, M. A. 스크리치 번역 및 편집 (뉴욕: 펭귄, 2003), 19~21쪽
7)　빅터 프랭클, Man's Search for Meaning, re. and updated (뉴욕: 포켓북스, 1997), 135쪽 『죽음의 수용서에서』(청아출판사)
8)　위의 책, 86쪽

| 2. 알고 싶지 않던 것을 배운 한 해 |

9)　미국 콜로라도주 중북부 볼더 군의 군청소재지(1861)이며 시다.
10)　마 27:46 *
11)　요 1:29 *

노을 지는 무렵 내게 걸어온 말들

| 3. 산산이 부서지다 |

12)   『예이츠 시선』(지만지) – 편집자 주

| 4. 기괴한 병 |

13)   잠 14:10 *
14)   창 11장 *

| 5. 포기 |

15)   창 3장 *

| 6. 신을 원망하고 싶은 유혹 |

16)   <뻐꾸기 둥지 위로 날아간 새>는 미국 전역에 순종적이고 고분고분한 인간들을 만들어내려는 거대한 음모의 일부로, 환자들에게 계속해서 정신병 진단을 내리는 정신병원을 그린 소설을 원작으로 하는 영화다. 1960년대 반정신의학 운동의 핵심작인 이 소설은 제정신과 광기, 일치와 반란 사이의 관계를 이야기하고 있다. – 편집자 주

17)   버나드 슈바이처, Hating God: The Untold Story of Misotheism (옥스포드 대학 출판, 2001), 8쪽

18)   표도르 도스토옙스키, 카라마조프가의 형제들, 이그낫 아브세이 번역 (뉴욕: 옥스퍼드 대학교 출판, 1994), 298~99쪽.

19)   위의 책, 308쪽

20)   C. S. 루이스, A Grief Obseverd (뉴욕: 반탐 북스, 1976), 4~5쪽 『헤아려 본 슬픔』(홍성사)

21)   더글라스 그로타이스, "The Moral Argument for God," Christian Apologetics (다우너스 그로브, IL: IVP 아카데믹, 2011).

22)   C. S. 루이스, Grief Observed, 45~46쪽

23)   유진 피터슨, Tell It Slant (그랜드 래피드: 어드맨스)

24)   이 책은 전도서에 대해 중요한 가르침을 전해준다. 제프리 메이어, A Table in the mist: Ecclesiastes Through New Eyes (먼로, LA: 아타나시어스 프레스, 2006)

25)   윌리엄 바쿠스, The Hidden Rift with God (미니애폴리스: 베타니 북하우스, 1990)

26)   창 33:22~32 *

'*' 표기는 원서에서 본문 글과 함께 병기된 정보였습니다. 이를 한국어판에서는 모두 미주로 옮겼습니다.

27) 블레즈 파스킬, 팡세 148, 알반 크라일쉬머 편집 (뉴욕: 펭귄, 1995), 74쪽 『팡세』(문예 출판사)

28) 더글라스 그로타이스, "Learning to Lament," Journal for Baptist Theology & Ministry 10, no. 2 (2013년 가을호), 70~73쪽

29) 블레즈 파스칼, "Prayer to Ask of God the Proper Use of Suffering," Bartleby.com, accessed March 15, 2017, www.bartleby.com/48/3/2.html

30) 마틴 셀리그만, Authentic Happiness (뉴욕: 마트리아 북스, 2004).

31) C. S. 루이스, The Abolition of Man (뉴욕: 맥밀란, 1976), 25쪽 『인간 폐지』(홍성사)

32) 토드 러그렌, "Sometimes I Don't know What to Feel," A Wizard, a True Star, 1973.

33) 계 21~22장 *

34) 빌 2:5~11 *

35) 창 1장 *

36) 전 1:8 *

37) 마 5:4 *

38) 니콜라스 월터스토프, Lament for a Son (그랜드 라피드: 어드맨스, 1987) 『나는 사랑하는 사람을 잃었습니다』(좋은씨앗)

39) 고전 15:58 *

40) 글렌 펨버튼, Hurting with God (아빌렌, 텍사스: 아빌렌 기독대학교 프레스, 2012)

41) 여성의 음역 중 가장 낮은 소리다. 라틴어로 contra는 '…에 대하다', altus는 '높다'의 뜻으로 테너에 대하여 높은 성부, 즉 알토와 같은 성부를 가리켰다. 여성의 가장 낮은 음역의 뜻을 가지면서 남자 어린이의 목소리의 의미도 가지고 있다. - 편집자 주

42) 에릭 클랩튼, "Nobody Knows You When You're Down and Out," Unplugged, 1992

43) 존 반 슬로텐, The Day Metallica Came to Church: Searching for the Everywhere God in Everything (그랜드 라피드: 스퀘어인치 출판, 2010).

44) 전 3:1~8 *

45) 롬 12:15 *

46) 롬 12:1~2 *

47) 엡 4:30 *

48) 욥 38~42장 *

49) 사 1:18 *

50) 벧전 3:15 *

51) 빌 2:14 *

52) C. S. 루이스, The Screwtape Letter (샌프란시스코: 하퍼샌프란시스코, 2001), 40쪽

53) 고전 13:7 *

54) 존 파이어는 이 주제에 대해서 많은 책을 집필했다. 특히 그의 Desiring God: Meditations of a Christian Hedonist, rev. (콜로라도 스프링스: 멀트노마 프레스, 2011) 『하나님을 기뻐하라』(생명의말씀사). When I Don't Desire God (위튼, 일리노이: 크로스웨이 2013)도 슬픔에 빠졌을 때 도움이 되는 책이다.

55) 골 3:1 *

56) 시 191:1 *

57) 단 12:2, 마 25:31~46, 요 5장, 계 20~22장 *

58) 시 56:8, 계 21:4 *

| 8. 탄식 속의 기쁨 |

59) 잠 14:12 *

60) 히 11장 *

61) 고전 10:1~22 *

62) 마 23장 *

63) 스튜어트 C. 스미스, Dead to Sin, Alive to God: Discover the Power of Reckoning to Set You Free in Christ (유진, 오리건: 리소스 출판, 2016)

| 9. 모세와 우리의 슬픔 |

64) 시 103:7 *

65) 전 9:11 *

66) 단 7:22 *

67) 블레즈 파스칼, 팡세, 알반 크레일슈머 편집 (뉴욕: 펭귄, 1995), 165쪽

68) 아툴 가완디, Being Mortal: Medicine and What Matters in the End (뉴욕: 메트로폴리탄 북스, 2014) 『어떻게 죽을 것인가』(부키)

69) 창 3:1~6 *

70) 크리스토퍼 히친스, Morality (뉴욕: 트웰브, 2012) 『신 없이 어떻게 죽을 것인가』(알마)

71) 전 12:1~5 *

72) 시 6:3, 13:1 *

73) 존 뉴튼, <어메이징 그레이스>, 1779

| 10. 교실에서 한탄하다 |

74) 딛 2:7~8 *
75) 요 11:35 *

| 12. 기술로부터의 자유 |

76) 요이 1:1 *
77) 요이 1:12 *

| 13. 아내에게 거짓말하는 법 |

78) C. S. 루이스, The Screwtape Letter (뉴욕: 맥밀란, 1961), 26~27쪽
79) 출 20:16 *
80) 아우구스티누스, "Lying" 해리 G. 프랭크포트, On Bullshit (프린스턴, 뉴저지: 프린스턴대학교 출판, 2005), 58쪽

| 14. 기분 나쁜 농담 |

81) 겔 33:11 *
82) 몬티 파이썬, <Miss Ann Elk>, Monty Python's Previous Record, 1972
83) D. H. 먼로, "Humor," The Encyclopedia of Philosophy, 폴 에드워즈 편집 (뉴욕: 맥밀란, 1967), 4:90~93
84) 웨인 F. 힐, 신시아 J. 오트첸 공저, Shakespear's Insults: Educating Your Wit (뉴욕: 크라운 트레이드 페이퍼백, 1991), 116쪽
85) The Pink Panther Strikes Again, 1976
86) A. W. 토저, "The Use and Abuse of Humor," Of God and Men (시카고: 무디 출판, 2015)
87) "Gallows Humour," Oxford Living Dictionaries, accessed March 16. 2017, https://en.oxforddictionaries.com/definition/gallows_humour.
88) 어빙 고프만, "Total Institutions," Asylums: Essays on the Social Situation of Mental Patients and Other Inmates (뉴욕: 앵커 북스, 1961). 이 거대한 교육기관은 1960년대에 해체되었지만, "total institution"에 대한 정의는 많은 문장들 속에 남아 있다. E. 휠러 토레이, The Insanity Offense: How America's Failure to Treat the Seriously Mentally Ill Endangers Its Citizens (뉴욕: w. w. 노튼, 2012)

| 15. 강아지, 치매, 그리고 우리 |

89) 전 9:4 *

90) 왕하 8:13, 출 22:31, 삼하 3:8, 잠 26:11, 삼하 9:8 *

91) 제임스 터버, Thurber's Dogs (뉴욕: 시몬 & 슈스터, 1955), 205쪽

92) 로저 스크루튼, "Life with Sam", Gentle Regrets (뉴욕: 블룸스버리 아카데믹, 2016)

93) 알렉산드라 호로비츠, "Belonging to the Home," Inside of a Dog: What Dogs See, Smell, and Know (뉴욕: 스크립너, 2010)

94) 창 1:26 *

95) 창 1장 *

96) 창 1:26, 8:4~8 *

97) 마틴 루터, "Table Talk", 1532년 5월 18일, Luther's Works 54 (필라델피아: 포트레스 프레스, 1967), 37, 38

98) 존 호만스, 마리아 포바바 인용, "The Enviable Dimwittedness of Dogs," 2012년 12월 7일, www. theatlantic.com/health/archive/2012/12/the-enviable-dimwittedness-of-a-dog/266041.

99) 마틴 루터와 루이스처럼 나도 개들이(그리고 다른 동물들도) 새로운 천국과 새로운 지구에서 한 부분 차지할 것이라 믿는다. 그러나 여기서 그 주장을 하지는 않을 것이다.

| 16. 아내와 대화하는 법 |

100) 벧전 2:24~25 *

101) 갈 6:2 *

102) 롬 15:1 *

103) 래리 실버, "Executive function Disorder, Explained!" Additude, accessed March 16, 2017, www.additudemag.com/adhd/article/7051.html.

| 17. 통하지 않는 말 |

104) 에드윈 뉴먼, Edwin Newman on Language: Strictly Speaking and A Civil Tongue (뉴욕: 갈라하드 북스, 1992)

105) 로버트 콜만, Songs of Heaven (올드 타판, 뉴저지: 리벨, 1980)

| 18. 의미로의 도피 |

106) 더글라스 그로타이스, "Bedeviled by My Wife's Dementia," Christianity Today,

October 26, 2015, www.christianitytoday.com/ct/2015/novermber/bedeviled-by-my-wifes-dementia.html.

107) W. 테렌스 고든, Marshall McLuhan: Escape into Understanding (버클리, 캘리포니아: 징코 프레스, 2003)

108) 브루스 코크번, "Broken Wheel," Inner City Front, 1981

109) J. R. R. 톨킨, "On Fairy Stories," Myth, Allegory, and Gospel, 존 워익 몽고메리 편집 (미니애폴리스: 베타니 하우스, 1973)

110) 더글라스 그로타이스, "The Book, the Screen, and the Soul," The Soul in Cyberspace (그랜드 래피드: 베이커, 1997)

111) 프란시스 쉐퍼, The God Who Is There, 30주년 기념 개정판 (다우너스 그로브, 일리노이: IVP, 1998) 『거기 계시는 하나님』(생명의말씀사)

112) 마르바 던, "Behold," Talking the Walk: Letting Christian Language Live Again (그랜드 래피드: 브라조스, 2015) 『언어의 영성』(좋은씨앗)

113) 요 1:29 *

114) 피터 게이, Modernism: The Lure of Heresy (뉴욕: W. W. 노튼, 2010) 『모더니즘』(민음사)

115) 케빈 화이트헤드, Why Jazz? (옥스퍼드대학교 출판, 2011); 더글라스 그로타이스, "How to Listen to Jazz," All About jazz, 2015년 1월 22일, www.allabout jazz.com/how-to-listen-to-jazz-by-douglas-groothuis.php

116) 리차드 모우, When the Kings Come Marching In (그랜드 래피드: 어드맨스, 1983). 그는 새로운 천국과 새로운 지구는 지금까지의 인류 문화 중에 좋은 것들을 나타낼 것이라고 했다. 동의하지만 여기서 다루지는 않겠다.

| 19. 아내는 좀 어때? |

117) 다니엘 스틸, His Bright Fife: The Story of nick Traina (뉴욕: 델타, 1998)

118) 다니엘 스틸, "About Me," 다니엘 스틸 블로그, accessed March 15, 2017, www.daniellesteel.not/about.htm.

| 황혼에서 어둠으로 |

119) 아 8:6 *

| 짐을 덜다 |

120) 더글라스 그로타이스, "Suffering Well with Others," The Constructive Curmudgeon (블로그), 2005년 10월 13일, http://theconstructivecurmudgeon. blogspot.com/2005/10/suffering-well-with-others.html.

121) 약 3:1~12*

122) 롬 8:28*

123) 니콜라스 윌터스토프, Lament for a Son (그랜드 라피드: 어드맨스, 1987), 34쪽

124) 크리스토퍼 히친스, Hitch-22 (뉴욕: 트웰브 2006), 1쪽

125) 주디스 마틴, Miss Manners' Guide for the Turn of the Millenium (뉴욕: 파이어사이드, 1989), 292쪽

이 도서의 국립중앙도서관 출판시도서목록(CIP)은 서지정보유통지원시스템 홈페이지(http://seoji. nl.go.kr)와 국가자료공동목록시스템(http://www.nl.go.kr/kolisnet)에서 이용하실 수 있습니다. (CIP제어번호: CIP2020029982)

노을 지는 무렵 내게 걸어온 말들
아픈 아내 곁을 지키는 어느 철학가의 고백

2020년 8월 14일 초판 1쇄 발행

지 은 이	더글라스 그로타이스
옮 긴 이	함정화
발 행 처	북하이브
발 행 인	이길호
편 집 인	김경문
편 집	최아라 · 양지우
마 케 팅	양지우
디 자 인	블랙페퍼디자인
제 작	김진식 · 김진현 · 이난영
재 무	이남구 · 진제성
물 류	안상웅 · 이수인

북하이브는 (주)타임교육C&P의 단행본 출판 브랜드입니다.

출판등록	제2020-000187호
주 소	서울특별시 강남구 봉은사로442 75th AVENUE빌딩 7층
전 화	02-590-9800
팩 스	02-395-0251
전자우편	time-editor@naver.com

©Douglas R. Groothuis
ISBN 979-11-971201-0-7 (03190)